# UNE BRUNE
# AUX YEUX BLEUS

# EXBRAYAT

# UNE BRUNE
# AUX YEUX BLEUS

LIBRAIRIE DES CHAMPS-ÉLYSÉES

# I

De loin, elle ressemblait à un arbre mort dont la silhouette se détachait, nette et noire, sur le bleu profond et sans défaut du ciel.

Appuyée sur son grand bâton de bergère, Déborah, engourdie par la chaleur et le silence, laissait errer un regard atone sur le paysage environnant. A ses pieds, son hameau natal de l'Hospitalet perdu dans le massif de l'Aigoual et, tout autour d'elle, d'énormes croupes couronnées de forêts, vagues monstrueuses d'un océan immobile. Tout était blanc et vert. Un vert profond et un blanc brutal, celui des rochers ressemblant à des ossements séchés. Seuls, les jardinets enclos dans leurs murets de pierres, mettaient une note humaine dans cette nature sévère, à l'image de ceux qui l'habitaient. Au bas de la pente où la jeune fille paissait son troupeau, le soleil cuisait le toit des maisons où des flaques d'ombre violette promettaient, par endroits, un peu de fraîcheur. On était dans les derniers jours de septembre.

Déborah rêvait plus qu'elle ne pensait. Devant elle, un peu sur sa droite, s'ouvrait la trouée lumineuse conduisant vers Alès et Nîmes. En dépit de ses vingt-deux ans, la bergère ne s'était rendue que deux fois à Alès, d'abord parce qu'elle n'avait pas d'argent, ensuite parce que le père n'acceptait pas que ses enfants puissent se conduire mal et, pour lui, aller en ville sans y être obligé, c'était se mal conduire. Déborah obéissait au père, ainsi que ses trois frères, bien qu'ils fussent tous, à part Josué, des hommes faits, et ses trois sœurs, toutes, sauf Judith, des filles adultes.

D'ordinaire, Déborah ne gardait pas le troupeau, principale richesse de la famille. Le soin en incombait à son frère Ismaël qui, ce jour-là, avait dû se rendre à Saint-André-de-Valborgne pour des histoires administratives. Soudain, la jeune fille perçut un frisson de crainte passer parmi les moutons et les brebis. Les sept chèvres qui – comme des demoiselles refusant de se mélanger aux gens du commun – broutaient à part l'herbe dure, levèrent vers le ciel des barbiches inquiètes. Grande, solide, musclée à l'image de ses frères sans avoir rien perdu de sa grâce naturelle, Déborah n'avait peur de rien ni de personne. Cependant, elle regretta que Fidèle, le chien, retenu à la maison par une blessure à la patte, ne fût pas à ses côtés.

De la forêt de pins la dominant, un homme descendait à grands pas vers Déborah. A son allure, la bergère ne le reconnut pas pour quelqu'un de l'Hospitalet. Ce ne fut que lorsqu'il ne se trouva plus qu'à quelques mètres d'elle que la jeune fille sut qu'il s'agissait de Pascal Arenas, un garçon de Saint-André-de-Valborgne dont la mauvaise réputation courait la montagne. Nul n'ignorait qu'il usait à braconner le temps qu'il n'employait pas à courtiser celles qui le voulaient bien. On racontait qu'elles étaient nombreuses. Les pattes arrière d'un lièvre sortaient du carnier qui battait le flanc du chasseur. L'œil rieur sous ses mèches noires et rebelles, Pascal salua la bergère.

– Bonjour, petite.

Elle l'épiait, surveillant ses gestes.

– Bonjour.

– Tu serais pas une fille Puisserguier, des fois?

– Si.

– Et... tu es toute seule?

– Seule avec Dieu et mes bêtes.

– Tu n'as pas peur?

– Pourquoi aurais-je peur, puisque l'Eternel me protège?

Le gars ne parut pas autrement convaincu de l'efficacité de cette protection.

– J'ai tué deux belles grives. Elles sont à toi en échange d'un baiser. D'accord?

– Passez votre chemin! et rappelez-vous qu'il a été dit : « Malheur à la race des méchants, aux enfants corrompus... Ils ont abandonné l'Eternel, ils ont méprisé le Saint d'Israël... Ils se sont retirés en arrière... »

Il feignit l'admiration :

– Eh bien! dis donc, t'es drôlement savante...

Habituée à se battre avec ses frères dans son adolescence, elle savait se tenir sur ses gardes et, quand il crut la surprendre en se jetant sur elle, il reçut un coup de pied qui l'atteignit au bas-ventre et il recula, plié en deux par la souffrance.

– Garce!

En réponse, elle lui administra un solide coup de bâton sur la tête qui le fit tomber à genoux. Un second coup l'envoya au sol, privé de sentiment. Redoutant une ruse, elle le surveilla un instant et, comme il ne bougeait pas, elle s'effraya et, joignant les mains :

– Faites, Seigneur, qu'il ne soit pas mort, mais s'il l'est, soyez miséricordieux envers lui et envers moi. *Amen.*

Pascal n'était pas mort. Il revint à la vie dans une

série de gémissements entrecoupés de jurons. Elle cria :

– Vous n'avez pas honte de blasphémer de la sorte, malheureux ?

– Toi, je te pincerai un jour !

Il se redressait avec peine. Déborah bondit en arrière et leva de nouveau son bâton. L'autre, affolé, hurla :

– Non !

Ils s'observèrent un instant, haineux, puis, lentement, Arenas se remit debout.

– Ça va... J'ai perdu... Je m'en vais... Ne parle pas de ce qui s'est passé, tu me porterais tort...

Quand elle poussa la porte, Déborah les vit tous d'un seul regard. Ils étaient assis autour de la table que le père – Ezéchias – présidait.

Lorsqu'elle trouvait le temps de s'asseoir avec les autres pour manger, la mère, Ruth, occupait le milieu du banc de droite, ayant d'un côté son fils Ismaël, un solide gaillard de vingt et un ans, et, de l'autre, son fils Athanase qui, bien que plus jeune d'un an, s'affirmait le plus fort de tous. Il travaillait comme bûcheron. Au bout du banc, Josué voyait l'impétuosité de ses quinze ans souvent réfrénée par les gifles paternelles. Il allait à l'école, mais préférait aider son père, dont il semblait avoir hérité l'habileté manuelle qui faisait d'Ezéchias l'homme indispensable pour toutes les réparations dans un rayon de vingt kilomètres, ou pour soigner les bêtes malades. Certains même l'appelaient quand quelqu'un des leurs était alité, car on pensait qu'un homme vivant en étroite communion avec l'Eternel devait connaître des secrets guérisseurs.

Sur le banc de gauche, d'ordinaire, Déborah se tenait le plus près de son père qui avait un faible pour elle. Elle le flattait par sa beauté de brune aux yeux bleus, bien qu'il professât qu'on ne devait point attacher d'importance aux avantages physiques, presque toujours des pièges du démon. Déborah, chaque jour, s'occupait de tenir la maison en ordre. Auprès d'elle, s'asseyait Agar, sa cadette de trois ans, qui apprenait le métier de couturière et confectionnait les robes de sa mère et de ses sœurs. Puis venait Sarah, dont la piété fervente était un exemple pour la famille tout entière. Enfin, il y avait Judith, la benjamine de dix ans, la seule qui n'éprouvât aucune crainte des colères paternelles. En classe, la maîtresse se plaignait de sa dissipation, mais reconnaissait sa vive intelligence.

Déborah eut chaud au cœur comme chaque fois qu'elle les voyait tous réunis. La présence du pasteur de Saint-André-de-Valborgne, M. David Vervant, lui souffla que quelque chose d'insolite venait de se produire. On avait disposé son couvert, à l'autre bout de la table, en face du père. Tous regardaient la jeune fille, debout sur le seuil, et elle lut de la peine dans leurs yeux. Son cœur se mit à battre à grands coups.

Ezéchias dit seulement :

– Asseyez-vous, Déborah. Vous êtes en retard.

Du moment qu'il ne lui demandait pas les raisons de ce retard, elle n'avait qu'à se taire. Refermant la porte, elle se hâta de prendre sa place habituelle. Alors, le père se leva et tous l'imitèrent.

– Nous Te remercions, Seigneur, pour les bonnes choses que nous allons manger et nous Te louons de nous permettre de le faire.

D'une seule voix, l'assistance répondit :

– *Amen.*

– Nous te prions, Seigneur, de protéger, en ce même moment, ceux qui sont partis.

Et tous pensèrent à Jérémie, l'aîné de la famille, qui travaillait en qualité de chaudronnier à Nîmes d'où il ne revenait au hameau que très rarement. Sur un dernier *Amen* on se rassit et tous se mirent à manger. Pour Ezéchias, le repas était un rite aussi pieux que l'office au temple et il n'admettait pas qu'on y parlât d'autre chose que du travail. Il attendit que la dernière bouchée fût avalée pour annoncer :

– Déborah, le pasteur a reçu une lettre d'Annecy.

Et du geste, il invita M. Vervant à continuer.

– Mme Puget a tenu parole. Avant de partir pour une croisière, elle a vu M. Fétigny qui s'occupe de placer les jeunes filles méritantes dans les grandes familles savoyardes relevant de notre foi. Il a promis de vous trouver une place de femme de chambre, Déborah. Mme Puget vous conseille de ne pas retarder votre départ, car la demande est forte et les meilleures places risquent d'être prises. Pour vous témoigner sa bonne amitié, Mme Puget vous envoie le billet de chemin de fer qui vous permettra de gagner Annecy.

Déborah balbutia :

– Annecy...

– Je sais, mon enfant, que les villes sont devenues, par suite du relâchement des mœurs, d'une société de plus en plus corrompue, de plus en plus sourde aux appels de l'Eternel, des réceptacles du vice semblables aux cités de Sodome et Gomorrhe que le Seigneur nettoya par le feu, mais je sais aussi que vous êtes moralement et physiquement bien armée pour vous défendre contre tous les assauts du Malin. J'ai confiance en vous, Déborah, et je suis sûr que vous ne décevrez pas cette confiance.

Ruth ajouta, pratique :

– Vous devrez surtout, ma fille, vous méfier de

tous les hommes qui sont là-bas des suppôts de Satan. Ne répondez pas à ceux qui vous adresseront la parole sans vous connaître, à moins qu'ils ne soient très âgés, et encore... Au cas où l'un d'eux se permettrait de vous manquer de respect...

Ezéchias interrompit sa femme :

– Cognez-y dessus, Déborah, comme vos frères et moi vous avons appris à faire.

Le pasteur tenta de tempérer la rudesse du conseil.

– Du moins, mon enfant, adressez-vous à la police. En tout cas, n'oubliez pas vos devoirs religieux, persuadez-vous qu'une prière sincère est toujours la meilleure des défenses et que Dieu n'abandonne jamais ceux qui L'appellent parce qu'ils croient en Lui.

Ce fut de cette façon que Déborah apprit qu'elle devait quitter son hameau natal de l'Hospitalet après y avoir vécu vingt-deux années.

Au cours des deux derniers étés, Mme Puget, une riche veuve d'Annecy, était venue passer un mois dans le village Le Pompidou et, au hasard de ses promenades, avait découvert la famille Puisserguier dont, en bonne huguenote, elle appréciait la rigidité des mœurs patriarcales. Elle s'était intéressée à ces belles filles élevées dans les vieux principes et selon la parole de Dieu. Parmi elles, elle avait éprouvé une sympathie particulière pour Déborah, à cause de sa beauté d'abord, de son intelligence ensuite et, enfin, parce qu'elle avait deviné dans cette austère jeune fille une ardeur toute humaine qu'elle ne pourrait satisfaire dans son pays perdu. Déborah craignait et révérait l'Eternel, mais regardait du côté de la vie. C'est la raison pour laquelle Mme Puget avait pensé à en parler à M. Fétigny, persuadée que cette grande fille brune aux beaux yeux bleus serait un magnifique ornement d'une des grandes maisons d'Annecy qu'elle connaissait et où elle était reçue. Le métier de femme de chambre donnerait à la sauvageonne de l'Hospitalet le vernis dont elle manquait.

Voilà pourquoi Déborah partait comme partirait Agar l'an prochain pour entrer chez une couturière du Vigan, comme était parti trois ans plus tôt Jérémie. Chez Ezéchias, il n'y avait pas de place pour tous ces enfants. Il était trop pauvre.

Le matin de son départ, Déborah, sur l'invitation de son père, était sortie en sa compagnie. Il l'avait emmenée dans les rochers dont l'un porte la plaque indiquant qu'en ce lieu, le 24 septembre 1689, des Cévenols s'étaient réunis pour entendre prêcher François Vivent et Claude Brousson, leur demandant de résister à la violence pour défendre leur foi et leur culte. Ezéchias et sa fille s'agenouillèrent pour une courte prière et lorsqu'ils se furent relevés, le père se contenta de dire :

– N'oubliez jamais.

A la gare d'Alès, Ezéchias avait mis sa fille dans le train de Nîmes d'où elle gagnerait Lyon, puis Annecy. La lourde valise placée dans le filet, il avait longuement embrassé Déborah.

– Je compte que vous vous conduirez bien. Ne tardez cependant pas trop à revenir car sans vous ce sera très dur...

La jeune fille avait la gorge trop serrée pour répondre. Ezéchias était descendu du wagon et s'en était allé sans se retourner parce que celui qui se veut seulement préoccupé d'obéir à l'Eternel ne doit pas s'attendrir sur les faiblesses humaines et peut-être aussi parce qu'il ne voulait pas que la petite s'aperçût qu'il avait les yeux pleins de larmes.

Lorsque le train s'ébranla, Déborah sentit une grande douleur lui traverser la poitrine. Au fur et à mesure que le convoi prenait de la vitesse et s'éloignait de son pays, elle revoyait mieux la maison, la famille, le chien, le troupeau... Elle sentait que désormais elle se reporterait souvent à ces images si douces et maintenant perdues. A cette pensée, malgré sa force de caractère, la jeune fille ne put se tenir de pleurer. Les voyageurs qui l'entouraient, s'attendrirent discrètement. Les uns estimant que cette belle enfant avait dû perdre un être cher, prirent des mines apitoyées, les autres jugèrent qu'il devait s'agir d'une histoire d'amour et sourirent. Déborah, tout entière à sa peine, ne vit ni les uns ni les autres.

En dépit de sa vigueur naturelle et de son énergie, en sortant de la gare d'Annecy, Déborah fut prise d'une sorte de faiblesse et dut s'appuyer contre le mur que chauffait un beau soleil d'arrière-saison. Une nuit blanche, toutes les émotions ressenties et une confrontation brutale avec le tohu-bohu citadin obligeaient la fille aînée des Puisserguier à mesurer sa faiblesse soudaine. Un monsieur âgé qui, en cette fin de matinée, se promenait à petits pas, s'approcha de Déborah et la saluant dit gentiment :

– Mademoiselle, je pense être assez vieux pour me permettre d'aborder dans la rue une jeune personne que je ne connais pas.

Se souvenant des conseils maternels, la petite fut tout de suite sur la défensive. Rogue, elle répliqua :

– Et puis après ?

L'étranger sourit :

– Si j'étais beaucoup plus jeune, je vous offrirais de vous accompagner en portant votre bagage.

Pour qui la prenait-il celui-là ?

– Si vous étiez beaucoup plus jeune, je vous dirais de vous mêler de vos affaires et de passer votre chemin !

– Vous êtes méfiante...

– Je ne fréquente pas les méchants, les impies et, en règle générale, tous ceux qui ne vivent pas selon la loi de l'Eternel !

Le vieillard s'inclina.

– Et vous avez raison, mademoiselle, mais je puis vous assurer que je ne suis point de ces gens-là. C'est la première fois, n'est-ce pas, que vous venez à Annecy ?

– Oui.

– Et vous êtes un peu... désemparée ?

– Pas du tout ! j'ai l'adresse d'un monsieur qui m'attend.

Pour prouver ses dires, elle fouilla dans son sac et en sortit le bout de papier où le pasteur avait inscrit le nom du placeur, et le tendit à son interlocuteur qui lut : *Jonathan Fétigny*, 147 *rue de la Providence*. Il rendit le billet à la jeune fille.

– C'est à côté de la place au Bois, près de l'embarcadère. Vous devriez appeler un taxi.

– Si vous croyez que j'ai de l'argent à gaspiller !

– Comme je suppose que vous ne me permettriez pas de vous l'offrir, le plus sage serait de déposer votre valise en consigne et de revenir la chercher lorsque vous serez reposée.

– Et si on ne me la rend pas ?

– Vous pouvez être tranquille, on vous la rendra.

Le vieux monsieur accompagna Déborah jusqu'à

la consigne et lui conseilla vivement de ne pas perdre le bulletin qu'on lui remettait puis, lui ayant indiqué son chemin, il la quitta, non sans lui avoir dit qu'il lui souhaitait bonne chance.

Demeurée seule, Mlle Puisserguier commença par respirer largement et pensa que sa maman avait peut-être une vue simpliste du comportement des hommes et qu'elle s'exagérait les dangers que pouvait courir sa fille. Puis, heureuse de sa liberté toute neuve, elle remonta à petits pas la rue Sommeiller jusqu'à son intersection avec la rue de la Poste dans laquelle elle tourna à gauche avant de se laisser aller à droite dans la rue Royale où elle s'émerveilla devant les vitrines et admira les pimpantes toilettes des femmes qu'elle croisait. Par la rue du Pâquier, elle atteignit la place de la Libération, emprunta le quai Eustache-Chappuis, traversa la place de l'Hôtel-de-Ville et se hâta vers l'extrémité du Jardin Public pour admirer le lac dont le bleu lui rappelait le ciel de son pays. Ce rapprochement la remplit de mélancolie et elle s'en fut prendre place sur un banc où elle ne tarda pas à sombrer dans un agréable engourdissement dont elle fut tirée par une voix qui chuchotait à son oreille des mots qu'elle n'entendait pas. Elle se redressa vivement. Un beau jeune homme, à l'allure légèrement débraillée, assis tout près d'elle, lui parlait. Aussitôt, elle pensa à Pascal Arenas et à la manière dont s'était terminée leur entrevue. Peut-être avait-elle eu tort de mettre en doute la sagesse maternelle?

– C'est à moi que vous parlez, monsieur?

L'autre eut un clin d'œil complice.

– Bien sûr, ma beauté...

– Mais... je ne vous connais pas!

– Justement, on va faire connaissance!

Le sang commençait à bouillir dans les veines de Mlle Puisserguier.

– Laissez-moi tranquille!

– Allons, allons, ne vous fâchez pas, mignonne... ce serait dommage...

– Qu'est-ce que vous voulez, à la fin?

– Vous dire que vous me plaisez beaucoup.

– Mais... vous m'avez jamais vue!

– Alors, il faut croire que c'est le coup de foudre. On prend un café-crème, on se promène et puis après, on verra... D'accord?

Déborah se leva et, raide comme la justice divine, débita d'une voix gonflée de colère :

– « La ruine atteindra tous les rebelles et les pécheurs, et ceux qui abandonneront l'Eternel périront! On aura honte à cause des térébinthes auxquels vous prenez plaisir... »

Ahuri, le garçon répéta machinalement :

– Les térébinthes...

Impitoyable, la petite continuait :

– « Et vous rougirez à cause des jardins dont vous faites vos délices, car vous serez comme un térébinthe au feuillage flétri, comme un jardin qui n'a pas d'eau... »

Les promeneurs s'arrêtaient, surpris, tandis que Déborah concluait :

– ... Ainsi parla Esaïe – Isaïe pour les papistes.

Le don Juan annecéien, gêné par les spectateurs, devint hargneux. Il se leva à son tour et grogna :

– Arrête ton cirque, la môme, j'ai assez ri! Allez, ramène-toi.

Il l'attrapa par le bras et voulut l'entraîner mais la petite se dégagea :

– Fichez-moi la paix!

Les rires qui coururent autour d'eux exaspérèrent le garçon qui voulut empoigner Déborah aux épaules, mais jugeant qu'elle s'était montrée assez patiente, elle lui écrasa le nez d'un maître coup de poing qui fit pousser un glapissement de douleur à l'imprudent. Portant vivement les mains à son appendice nasal d'où le sang coulait, il battit en retraite sous les quolibets des spectateurs. Une femme félicita la jeune fille et celle-ci en profita pour la prier de lui indiquer la rue de la Providence.

– Vous y êtes presque, mademoiselle. Vous n'avez qu'à remonter, traverser le canal et vous arriverez sur la place au Bois d'où part la rue de la Providence.

Jonathan Fétigny était aussi bien vu des bourgeoises catholiques qui ne lui tenaient pas rigueur d'appartenir au clan huguenot, qu'il était tenu en haute estime par ces dames de la Religion qui ne lui en voulaient nullement d'être dans les petits papiers des papistes. Les unes et les autres avaient toujours recours à ses services pour trouver le personnel dont elles avaient besoin. Pasteurs et curés le chargeaient, en toute simplicité de cœur, du sort des meilleures brebis de leurs troupeaux.

En dépit d'une cinquantaine nettement dépassée, Jonathan Fétigny goûtait un plaisir délicat au commerce de ces femmes comme-il-faut qu'il avait pour clientes. Devenu leur confident, il était au courant de leurs petits secrets et elles ne dédaignaient pas de lui demander son avis, le jugeant, dans leur ensemble, homme de bon conseil. Bien que de vertu puritaine, Jonathan estimait qu'il était de son devoir de se montrer toujours élégamment vêtu et de témoigner de la plus exquise courtoisie. A son insu, il lui arrivait de susciter des élans secrets et, au sein de plus d'une bonne famille, des demoiselles sur l'âge rêvaient, dans leurs nuits solitaires, qu'elles étaient enfin conduites à l'autel par le sémillant Jonathan.

Lorsque Déborah frappa à la porte du petit et douillet appartement de Fétigny, ce dernier s'activait à la préparation d'un repas léger mais de belle qualité, car Jonathan, quelque peu gâté par ses fréquentations, se piquait de gastronomie. Mécontent d'être dérangé dans ces occupations particulières dont il tirait un égoïste plaisir, Fétigny veilla à ce que les feux ne s'emballassent pas en son absence et s'en fut ouvrir. En voyant la belle fille apparue sur son seuil, Jonathan demeura quelques secondes bouche bée, mais, galant homme, il se reprit très vite pour demander d'une voix onctueuse qui inspirait confiance :

– Vous désirez, mademoiselle?

– M. Jonathan Fétigny, s'il vous plaît?

– Moi-même. Que puis-je...?

– C'est moi, Déborah Puisserguier.

– Ah?... Suis-je censé vous connaître?

Elle le regarda, surprise.

– Mais, j'arrive de l'Hospitalet!

– Ah?...

Fétigny ne comprenait pas en quoi le fait d'arriver d'un patelin inconnu donnait à cette jeune personne – comme elle semblait en être persuadée – le droit de venir le déranger dans la préparation de son repas. Déborah eût été moins agréable à contempler qu'il l'eût sans doute renvoyée, mais comme elle était jolie, il la pria d'entrer. S'effaçant il ronronna :

– Donnez-vous donc la peine, mademoiselle.

La petite pénétra dans le studio, intimidée par un luxe dont elle n'avait point l'habitude. La vanité de Fétigny en fut agréablement chatouillée. Il pria la

18

jeune fille de s'asseoir dans un confortable fauteuil. Déborah y prit place, heureuse, détendue mais, brusquement, elle se souvint des conseils du pasteur affirmant que le luxe, le confort étaient les pièges les plus fréquents où sombraient les vertus les plus éprouvées. Aussitôt, elle se raidit.

– Prendrez-vous un doigt de porto, mademoiselle?

Dès lors, il n'y eut plus de doute dans l'esprit de l'aînée des Puisserguier et, chaude encore de la bataille livrée au Jardin Public, elle se persuada qu'un combat nouveau l'attendait. Elle se disposa à une nouvelle victoire et ce fut sèchement qu'elle répondit:

– Non.

Fétigny encaissa mal et répliqua sur le même ton que celui de sa visiteuse:

– Dans ces conditions, mademoiselle, qu'attendez-vous de moi?

Sans un mot, elle lui tendit le papier remis par le pasteur et portant son adresse. Il y jeta un coup d'œil qui ne lui apprit rien.

– Oui et alors?

– Mme Puget a dit à ma mère que vous pourriez me trouver une bonne place.

Du coup, la mémoire revint à Jonathan.

– Ah oui! Cette chère Mme Puget... quelle excellente femme... si parfaitement éduquée... Attendez! Je me souviens... En effet, elle m'avait parlé d'une jeune fille des Cévennes, il me semble, qui désirait se placer... Vous souhaitez devenir femme de chambre?

– Oui.

– Dans une famille protestante, naturellement?

– Je ne veux pas entrer au service des païens!

– Bien sûr... mais permettez-moi un conseil,

19

mademoiselle, si vous tenez à réussir, il faudra vous montrer un peu moins sectaire.

Déborah ne comprit pas le sens du mot « sectaire » et crut, de bonne foi, qu'on l'invitait à un laisser-aller autorisant toutes les familiarités, y compris les pires. Elle tint à mettre tout de suite les choses au point pour éviter un malentendu.

– Ecoutez, monsieur Fétigny, il faut que vous sachiez...

– Quoi donc?

– Dans le Jardin Public, il y a un quart d'heure, un garçon m'a fait des propositions malhonnêtes...

– Et alors?

– Je lui ai flanqué mon poing sur le nez et il a filé sans demander son reste.

– Non?

– Si. Je suis très forte, vous savez.

– Je n'en doute pas. Pourquoi me racontez-vous cet exploit qui n'est pas fait, entre nous, pour me rassurer quant à votre comportement futur?

– Justement, c'est pour vous avertir que si, vous aussi, vous commencez à me raconter des choses qu'une honnête fille doit pas entendre, vous y aurez droit!

– Quoi?

– Et ça m'ennuierait, parce que, bien que vous soyez vieux, vous me seriez plutôt sympathique.

Jonathan éprouvait de grandes difficultés à avaler sa salive. Qu'est-ce que cette petite sotte allait s'imaginer? Lui! Un homme dont on vantait partout la décence et la mesure! Et s'entendre traiter de vieux! Ulcéré, il rétorqua rudement:

– Rassurez-vous, mademoiselle, vous ne courez aucun danger chez moi. Un homme de ma qualité ne s'intéresse pas aux domestiques. Il se contente de les placer. Seulement, je dois vous avertir que si vous ne souhaitez pas retourner très vite dans vos montagnes, il faudra apprendre à vous exprimer d'une autre façon et à vous conduire d'une manière plus discrète. Vous n'êtes pas venue à Annecy pour évangéliser les païens – comme vous dites – mais pour servir. Comment vous appelez-vous?

Intimidée par ce rappel à l'ordre, Déborah se fit plus modeste. Elle ne souhaitait pas retourner dans la montagne, du moins pas tout de suite, maintenant qu'elle avait vu les beaux magasins.

– Déborah Puisserguier.

– Avez-vous déjà travaillé?

– Si j'ai déjà travaillé? Vous pensez tout de même pas que chez moi on peut vivre en se tournant les pouces? D'ailleurs, le père ne le tolèrerait pas... N'oubliez pas qu'il est écrit...

Fétigny, exaspéré, l'interrompit:

– Ecoutez, mademoiselle, je n'ai nul besoin de leçons sur la Bible! Et pour en donner vous seriez bien inspirée d'attendre qu'on vous en demande! Sur ce, voulez-vous me confier où et à quoi vous avez travaillé?

– A la maison, bien sûr!

– Je crois, décidément, mademoiselle, que nous ne nous comprenons pas... Avez-vous déjà été placée?

– Non.

– Voilà qui complique la situation car dans les familles où j'aurais pu, éventuellement, vous proposer, on est très exigeant sur la qualité du service.

La sonnerie du téléphone coupa le fil du discours de Jonathan, pas fâché d'annoncer à cette péronnelle qu'elle était tout juste bonne à retourner le plus vite possible chez son papa et que la lecture attentive des textes sacrés, si elle fortifiait l'âme, n'était d'aucun secours dans l'art de faire un lit ou d'épousseter des bibelots.

– Fétigny, à l'appareil... Oh! madame Nantilly... mes hommages. Que se passe-t-il?... Non? Ce n'est pas possible?... Une fille qui semblait parfaite en tout point!... Voyez un peu comme on se trompe ou mieux comme elles s'entendent à nous tromper... eh bien! je ne ferai pas mon compliment au pasteur Majeux... Lui, il aurait dû la connaître, il me semble... Oui... évidemment... Seulement, chère madame, vous n'ignorez pas combien c'est difficile en ce moment... Je sais, je sais et votre confiance m'honore mais, à l'impossible... n'est-ce pas? Croyez que je suis au désespoir... Oh! attendez!

Jonathan balança un court instant entre son envie d'infliger une leçon sévère à Déborah et le souci – avantageux – de rendre service une fois de plus à Mme Nantilly. Il était assez vieux et suffisamment riche d'expérience pour faire passer son intérêt avant ses rancunes.

– J'ai bien chez moi, en ce moment, une jeune fille qui débarque tout droit des Cévennes... Une huguenote farouche qui ne cesse de me citer les Textes et qui semble considérer l'ensemble des hommes comme un danger permanent... Pardon? Vous souhaitez qu'elle persévère dans cette conviction? Seigneur! que c'est drôle...

Fétigny fit entendre à son interlocutrice invisible un rire diplomatique, puis reprit :

– Elle m'a chaleureusement été recommandée par Mme Puget que vous connaissez, bien sûr... Bref, en ce qui concerne sa valeur morale je pense pouvoir m'en porter garant, seulement... elle débute, et votre maison, chère madame, n'est point faite pour les débutantes... Vous tenez à l'essayer quand même? Je sais, dans le besoin, il faut se résigner à moins d'exigences pourtant légitimes dans une demeure de la qualité de la vôtre. Mais, je n'ai plus rien à objecter si vous acceptez de courir ce risque... Vous l'envoyez chercher par votre chauffeur? D'accord.. A propos, pour les gages... combien? C'est parfait... Oh! elle se montrerait difficile, surtout pour un début, alors qu'elle a la chance inouïe de débuter chez vous... Entendu. Trop heureux d'avoir pu vous obliger une fois encore, madame Nantilly, et tout à votre service.

Jonathan raccrocha, regarda Déborah et, après avoir poussé un long soupir voulant sans doute signifier qu'il ne comprendrait jamais rien aux caprices du sort, il dit :

– Mademoiselle, vous devez être née sous une bonne étoile.

– Ah?

– La place dont rêvent toutes les filles en condition de la région, celle à laquelle aspirent les plus chevronnées, on vous l'offre à l'essai et il ne tiendra qu'à vous de la garder!

– Et... c'est vraiment si bien que ça?

Fétigny eut un haut-le-corps devant tant d'ignorance et de naïveté.

– Les Nantilly représentent le dessus du panier de la société annecéienne et occupent, de loin, le premier rang parmi nos coreligionnaires. Un maître d'hôtel, une cuisinière, deux femmes de chambre pour servir M. et Mme Nantilly, les plus puissants fabricants de pâtes alimentaires de France; M. Jean-Jacques Nantilly, leur fils, qui seconde son père, est un sportsman accompli; M. Patrick Gugney, leur gendre, un autre sportsman qui a épousé Mlle Irène Nantilly et qui dirige un cabinet d'affaires; M. Jérôme Manigod, frère de Mme Nantilly – qui a apporté en dot les pâtes alimentaires – et enfin une cousine éloignée, Armandine Manigod, que l'on garde par souci du devoir de parenté. Et tous ces gens heureux habitent une magnifique villa sur l'avenue d'Albigny. Voilà l'espèce de petit paradis où vous êtes appelée à vivre...

– Ne blasphémez pas, monsieur Fétigny, je vous en prie. Le paradis n'est pas sur cette terre... Qu'est-ce que j'aurai comme gages?

Jonathan ricana.

– Je vois, avec plaisir, que votre dévotion ne vous prive pas du sens de la réalité. Vous aurez quatre cents francs par mois, logée et nourrie, vêtue pour le service. Sur ces quatre cents francs vous me verserez quarante francs pendant six mois et vingt francs pendant six autres mois. Ma commission, n'est-ce pas?

Fétigny accompagna Déborah jusqu'à la Mercedes arrêtée le long du trottoir, sous ses fenêtres. Au volant se tenait un homme mûr d'une cinquantaine d'années, vêtu d'un manteau blanc et portant une casquette de même couleur. Il avait des gants, ce qui impressionna beaucoup la jeune fille. Courtoisement, elle salua ce personnage important qui, sans même tourner la tête, répondit gravement:

– Je m'appelle Thomas Optevoz.

– Bonjour, monsieur Optevoz.

– Soyez la bienvenue, mademoiselle...?

– Déborah Puisserguier.

– ...Mademoiselle Déborah. Montez, je vous prie.

Déborah portait la main à la poignée de la portière arrière lorsque le chauffeur l'avertit:

– A côté de moi, s'il vous plaît. Les domestiques s'asseyent toujours à l'avant.

La voiture démarra et lorsque Déborah apprit à son compagnon qu'elle avait laissé sa valise à la consigne, la Mercedes fonça vers la gare. Tout en roulant, Thomas remarqua :

– Je constate avec regret, mademoiselle Déborah, que vous êtes exceptionnellement jolie et bien faite.

– Je ne sais pas si ce que vous dites là est très correct, monsieur Optevoz?

– Il ne s'agit pas d'une appréciation, mademoiselle Déborah, mais d'une simple constatation, et je crains pour vous que ces avantages physiques ne vous soient un handicap sérieux dans la carrière que vous entreprenez aujourd'hui, si j'en crois ce que m'a rapporté Mme Vieillevigne, notre cuisinière.

– Pourquoi un handicap, monsieur Optevoz?

– Vous n'êtes pas appelée à ne servir que des femmes, mademoiselle Déborah.

## II

Thomas Optevoz conduisit directement la jeune fille à l'office où le personnel prenait ses repas. Elle y fut accueillie par un personnage de haute taille, légèrement ventru et qui, aux yeux de Déborah, avait l'attitude d'un Président de la République lorsqu'on le photographiait pour placer son effigie dans toutes les mairies de France. Elle fut immédiatement emplie de respect pour cet homme au geste onctueux et à la voix grave. Il s'agissait d'Edouard Bussus, maître d'hôtel des Nantilly depuis quinze ans. Dans le monde des gens de maison, il était célèbre et cette réputation l'obligeait souvent à trancher des problèmes délicats entre patrons et serviteurs. Les uns et les autres rendaient généralement hommage à son bon sens et à son impartialité. A la vue de la nouvelle venue, il se leva :

– Mademoiselle Puisserguier, je suppose ?

Déborah lui fit une courte révérence et Edouard en parut touché.

– Je m'appelle Edouard Bussus et j'exerce ici les fonctions de maître d'hôtel.

– Je me nomme Déborah...

– Permettez-moi, Déborah, de vous présenter mes collaboratrices. (Désignant une femme maigre, à cheveux gris, debout près des fourneaux :) Agathe Vieillevigne, cuisinière de son état et femme de beaucoup d'expérience, dont vous serez bien avisée d'écouter les conseils.

– J'y manquerai pas.

De son côté, Agathe, charmée du compliment, roucoula :

– Merci, monsieur Edouard... Soyez la bienvenue, Déborah.

Le maître d'hôtel montra une aimable personne d'une trentaine d'années, pas très jolie mais l'air fort éveillé.

– Monique Luzinay, première femme de chambre.

Déborah salua de la tête.

– Bonjour, mademoiselle.

– Pouvez-vous m'appeler tout de suite Monique, mon petit, ça nous fera gagner du temps.

De toute évidence, le ton n'eut pas l'air de plaire à Edouard qui pinça dédaigneusement les lèvres. Soit qu'elle ne s'en fût pas aperçue, soit qu'elle s'en moquât, Monique poursuivit :

– Si vous voulez mon avis, Déborah, vous êtes bien trop jolie pour ce métier. (Et s'adressant aux autres :) D'ici qu'il lui arrive comme à Suzanne...

26

– Monique!

– Monsieur Edouard?

– Je trouve tout à fait déplacé de raconter des histoires sordides à notre jeune collègue.

– Ce n'est que pour lui rendre service.

– Je vous en dispense et que ce soit bien entendu, une fois pour toutes! Déborah, je ne vous présente pas Thomas Optevoz que vous connaissez. Je ne crois pas me tromper, en préjugeant que vous appartenez à la Religion?

– Comme vous tous, non?

– Sauf Monique et Mme Vieillevigne, parmi nous, et Mlle Armandine chez nos maîtres. Asseyez-vous, Déborah, et déjeunez avec nous. Lorsque vous aurez terminé, Monique vous mènera à votre chambre où j'irai vous chercher vers 14 heures pour vous présenter à nos maîtres.

Sa chambre plut tout de suite à Déborah qui, de sa vie, n'avait encore habité un endroit aussi luxueux. Pour la première fois de son existence, elle allait avoir une pièce pour elle toute seule. Monique riait de l'enthousiasme de sa jeune collègue.

– Ecoutez, Déborah, je ne voudrais pas vous démolir le moral, mais la chambre, c'est le côté agréable avec les gages, la nourriture qui est parfaite. Sans doute Edouard est un peu casse-pieds, mais pas mauvais bougre au fond. Agathe est une chipie qui a ses jours. Thomas, sorti de ses moteurs, n'est plus qu'un solennel imbécile mais...

– Mais quoi?

– ... Il y a les patrons. Elle, Henriette Nantilly, est une grande bringue qui se prend pour le sel de la terre, sous prétexte que son père a fait fortune dans les pâtes alimentaires, fortune que le mari qu'elle s'est offert est en train de manger, aidé en cela par son fils, merveille des merveilles, le beau Jean-Jacques qui ne fiche rien dans la vie sinon courir les filles et contracter des dettes. Il est imité d'ailleurs par son beau-frère, le non moins beau Patrick Gugney que la fille des Nantilly a acheté très cher. Tous, tant qu'ils sont, aspirent à la mort de l'oncle Jérôme, qui, lors du décès de son père et du mariage de sa sœur, a retiré son argent de l'affaire et l'a converti en diamants qu'il garde dans sa chambre, sans en vouloir donner à personne. Il les regarde s'agiter et faire semblant de l'aimer avec des regards d'assassins. La seule personne vraiment sympathique de la maison, c'est la cousine Armandine, qui encaisse les rebuffades, s'envoie les corvées désagréables et oublie tout cela avec son carreau à dentelles rapporté du Puy il y a une quarantaine d'années. Ce qu'elle a pu fabriquer comme kilomètres de dentelles...

– Qu'est-ce qu'elle en fait?

– Elle les donne pour les ventes de charité.

– Monique... J'ai bien envie de retourner chez nous.

– Pourquoi?

– Tous ces gens sont la proie du démon...

La jeune femme tapota affectueusement l'épaule de Déborah.

– Ne vous bilez pas, mon petit, vous serez toujours à temps de boucler votre valise si vous ne tenez pas le coup. Me privez pas du plaisir de voir la tête qui sera celle de Mme Irène Gugney quand vous allez apparaître. Elle est capable d'en attraper une jaunisse!

– Pour quelle raison?

– A cause de Suzanne... Edouard serait furieux s'il apprenait que je vous ai mise au courant mais j'estime que vous devez être avertie. Vous remplacez Suzanne, une fille à peu près de votre âge, mais blonde et l'œil toujours humide de tendresse inemployée. Tout de suite, Jean-Jacques et Patrick ont tourné autour. Je ne sais pas ce qui s'est passé, mais la petite s'est trouvée enceinte, sans vouloir dire de qui. Un joli scandale! Jean-Jacques subissait les reproches de sa mère, Patrick les querelles de sa femme et le père lui-même n'était pas à l'abri des soupçons de la maisonnée.

– L'Eternel dit : « Parce que les filles de Sion sont orgueilleuses et qu'elles marchent le cou tendu et les regards effrontés, parce qu'elles vont à petits pas et qu'elles font résonner les boucles de leurs pieds, le Seigneur rendra chauve le sommet de la tête des filles de Sion, l'Eternel découvrira leur nudité... »

Les yeux ronds, Monique avait écouté Déborah.

– Eh bien! dites donc... Ça vous prend souvent? Oui, enfin, si ça vous fait plaisir, moi ça ne me gêne pas... Quoi qu'il en soit, on a flanqué la Suzanne à la porte avec défense de reparaître, sous peine d'être poursuivie pour chantage à la paternité. On lui a tout de même remis deux mille francs et on l'a placée dans une maison réservée aux filles qui traversent des ennuis de cette sorte... Si ça avait été moi! Mais, vous me croirez si vous le voulez, à l'office, ils ont donné tort à Suzanne parce que les patrons c'est sacré! Depuis ce temps-là, Edouard et moi on est plutôt en froid. Alors, vous, tenez-vous sur vos gardes...

– Oh! je ne crains rien... L'Eternel ne m'abandonnera pas.

Monique la contempla avec une certaine commisération et, haussant les épaules :

– Je vous vois mal partie avec de pareilles idées...

Déborah sourit.

– N'ayez pas peur, Monique. Si le Seigneur ne venait pas à mon secours, je saurai me défendre toute seule.

– Et comment?

– En cognant, pardi!

– En cognant?

Pour convaincre sa nouvelle amie, Déborah lui raconta son aventure du Jardin Public et Monique s'enthousiasma :

– Vous me plaisez, vous! Je sens qu'on va devenir de bonnes copines. En tout cas, n'hésitez pas, si vous avez des embêtements, à m'appeler. Madame tient à moi et m'écoute, ce qui rend Edouard et Agathe jaloux, d'ailleurs!

Sitôt que Monique l'eut quittée, Déborah procéda à sa toilette et revêtit la robe noire qui lui était réservée. Heureusement, le hasard voulut qu'elle fût à sa taille. Elle ceignit un coquet tablier blanc, ovale, bordé de dentelles et posa sur ses cheveux une sorte de bonnet léger. Elle achevait de se préparer lorsque Edouard se présenta pour jeter un coup d'œil inquisitorial sur celle qu'il lui incombait de présenter à la famille. Malgré son impassibilité, le maître d'hôtel ne put s'empêcher de pousser un grognement de satisfaction.

– Mes compliments, Déborah. C'est parfait. Véritablement parfait. L'heure est venue. Suivez-moi, je vous prie. On vous attend.

Dans l'escalier, Edouard donna les ultimes conseils à l'impétrante, lui rappelant qu'elle devait se contenter de saluer et ne parler que pour répondre aux questions, sans oublier jamais le Monsieur ou le Madame de rigueur.

En pénétrant dans le salon à la suite d'Edouard, Déborah avait le cœur qui battait à grands coups.

Tout de suite, elle repéra la maîtresse de maison, une grande haquenée à qui les pâtes paternelles n'avaient pas dû profiter beaucoup, si l'on en devait juger par sa maigreur. Un élégant quinquagénaire, qui n'attirait en rien le regard, sinon par l'ennui qui semblait sourdre de toute sa personne, était M. Nantilly. En face de lui, une charmante dame aux cheveux blancs, toute ronde, toute souriante, ne pouvait être que la cousine Armandine, assise près d'un homme d'une soixantaine d'années, décharné, le cou enveloppé dans un foulard, et dont les petits yeux perçants avaient de méchantes lueurs. Sans aucun doute, l'oncle Jérôme. Un peu à l'écart, une jeune femme vêtue à la perfection – perfection qui faisait ressortir l'insignifiance de ses traits –, Irène Gugney bavardait avec un grand garçon blond qu'elle appelait « chéri ». Son mari, le fantasque Patrick. Enfin, appuyé à l'armoire aux liqueurs, un magnifique brun aux larges épaules, à la taille fine, admirait Déborah sans se gêner le moins du monde, et avec une insistance, un sans-gêne, révoltants. La jeune fille comprit qu'elle était en train de subir les premiers assauts de Jean-Jacques Nantilly.

Après s'être incliné devant Mme Nantilly, Edouard, de sa voix épiscopale, annonça :

– Permettez-moi, madame, de vous présenter Déborah Puisserguier qui entre aujourd'hui à votre service.

Jean-Jacques éclata de rire.

– Une prophétesse parmi nous! On en avait bien besoin! Vite, charmante Déborah, dites-nous qui va gagner, dimanche, le steeple d'Auteuil?

Il y eut des exclamations étouffées, et Déborah rougit jusqu'aux oreilles, mais, se tournant vers le moqueur, elle dit d'une voix forte :

– « Mieux vaut le pauvre qui marche dans son intégrité que l'homme qui a des lèvres perverses et qui est un insensé. »

Il y eut un court instant de stupeur. Edouard jugeait que l'attitude de la jeune fille devenait une offense personnelle. Mais, la première, Mlle Armandine reprit son sang-froid :

– Jean-Jacques, je crois que vous devriez vous excuser de votre plaisanterie stupide afin que Déborah soit convaincue que les jeunes gens de la bonne société sont aussi bien élevés que les autres.

Ce fut au tour de Jean-Jacques de rougir mais, bon garçon, il accepta la leçon :

– Je vous présente mes excuses, Déborah.

Armandine ajouta :

– Vous êtes charmante, mon enfant, n'est-ce pas, Georges ?

Tiré de sa torpeur, le maître de maison approuva :

– Charmante, en effet.

Du fauteuil où elle se redressait, Irène siffla :

– Trop !

Ce qui eut pour effet de faire ricaner l'oncle Jérôme. Mme Nantilly comprit qu'il lui fallait reprendre les choses en main et vite.

– J'espère que vous vous plairez chez nous, Déborah, et que vous nous donnerez toute satisfaction. Edouard vous mettra au courant. Vous pouvez disposer.

Après une nouvelle révérence, Déborah sortit; mais elle ne referma pas la porte assez vite pour ne pas entendre Irène affirmer d'un ton aigre.

– Nous risquons encore d'avoir des histoires avec celle-là.

Intelligente, Déborah s'adapta assez rapidement aux exigences d'un service dont Edouard, avec sympathie, lui enseigna les subtilités, et Monique, la manière d'en triompher. Quant à Agathe, elle perdit rapidement sa réserve du début – qu'elle manifestait envers toute nouvelle domestique – et ne tarda pas à témoigner presque de l'affection à cette fille ardente au travail, acceptant tous les conseils et ne ressemblant en rien à ces évaporées rencontrées au cours de sa carrière dans les cuisines bourgeoises. Seul, Optevoz continuait à ignorer Déborah comme il ignorait tout le monde, refusant de sortir de son univers mécanique.

De leur côté, les membres de la famille Nantilly témoignaient une certaine sympathie à la jeune femme de chambre, et même Irène Gugney la regardait avec moins d'hostilité depuis qu'elle s'était rendu compte que la petite se tenait rigoureusement à sa place et ne se risquait jamais à la moindre familiarité. Mais la plus gentille était assurément la vieille demoiselle Armandine qui avait promis à Déborah de lui apprendre à se servir de ses fuseaux. En bref, les débuts de Mlle Puisserguier dans le grand service se révélaient assez satisfaisants pour qu'Edouard pût se féliciter de régner sur un personnel à l'abri de toute critique.

Les choses se gâtèrent trois semaines après l'arrivée de Déborah. L'oncle Jérôme s'étant alité, souffrant de rhumatismes, la petite femme de chambre fut chargée de lui porter un bol de bouillon. Quand la jeune fille eut déposé son plateau sur la table de chevet, Jérôme Manigod la retint.

– Déborah..., restez un moment... Vous me plaisez beaucoup et je vais vous montrer quelque chose que vous n'avez jamais vu. Passez-moi le petit coffret en marqueterie qui est dans le tiroir supérieur de la commode.

Elle obéit et Jérôme, utilisant une petite clef qu'il

portait attachée au cou comme un scapulaire, ouvrit la boîte et, guettant sur le visage de la femme de chambre une expression extasiée, étala sous ses yeux un ruissellement de pierreries.

– Qu'est-ce que vous en dites, hein?

– C'est joli.

– Si vous étiez très gentille avec moi... Vous me comprenez?... Je pourrais peut-être vous en faire choisir un?

– Qu'est-ce que j'en ferais?

Ahuri, il la regarda soupçonneusement mais quand il comprit qu'elle était sincère, il explosa :

– Fichez-moi le camp, imbécile! (Il referma rageusement le coffret, le tendit à Déborah :) Remettez-le en place et débarrassez le plancher! Je vous ai assez vue!

Ce n'était là qu'un incident. Quelques jours plus tard, les événements prirent une tournure plus grave.

Un soir où Déborah venait d'achever sa toilette de nuit et s'apprêtait à ôter la robe de chambre – que Monique lui avait donnée – pour se mettre au lit, on frappa doucement à sa porte. Elle crut que Monique avait oublié de lui dire quelque chose et ne se méfia pas. Elle ouvrit la porte, qui fut aussitôt assez brutalement poussée par Jean-Jacques Nantilly, souriant, désinvolte. Trop désemparée pour résister, la petite ne put que balbutier :

– Mais... mais qu'est-ce que vous voulez?

Avant de répondre, le garçon referma la porte derrière lui.

– J'ai eu envie de vous parler tout simplement.

Alors, Déborah devina que l'épreuve – prévue par l'expérience de Monique – était là et qu'elle la devait affronter.

– Sortez immédiatement!

Il rit gentiment.

– Allons, ne vous faites pas plus méchante que vous n'êtes.

L'erreur de l'héritier des Nantilly découlait de ce qu'il n'avait jamais subi d'échec dans ses tentatives amoureuses. Déborah admit qu'il lui fallait maintenant défendre sa vertu à la manière dont elle l'avait déjà défendue dans ses montagnes. Par acquit de conscience, elle tenta de limiter les dégâts.

– Monsieur Jean-Jacques, vous vous trompez. Je ne suis pas Suzanne!

– Ah! on vous a raconté? Vous savez, je n'y suis pour rien...

– Vous seriez sage de partir avant que je me fâche pour de bon.

– Je suis sûr que la colère vous va très bien et j'aimerais voir ça de près, de très près...

Confiant dans ses moyens de séduction qui jamais encore ne l'avaient trahi, Jean-Jacques se pencha sur Déborah qu'il voulut prendre dans ses bras mais la petite lui échappa d'une esquive du torse et le frappa de toutes ses forces. Son coup de poing fendit l'arcade sourcilière du don Juan d'Annecy. Le sang jaillit et le garçon en resta un moment éberlué, ne parvenant pas à croire à la réalité des faits.

– Et maintenant, sortez!

– Ah! tu crois ça!

Essuyant de la manche le sang coulant de sa figure, furieux, humilié, il se jeta sur la jeune fille mais un coup de pied qui l'atteignit au tibia freina son élan. Pour terminer le combat, Déborah empoigna le vase dont une main amicale avait orné sa cheminée et le fracassa sur le crâne de son aspirant-séducteur, lequel s'écroula à ses pieds. A ce moment, la porte s'ouvrit de nouveau, mais sur Monique cette fois. La jeune femme demanda :

– Déborah, qu'est-ce... ?

Mais les mots moururent sur ses lèvres lorsqu'elle vit l'héritier des Nantilly écroulé en tas devant sa camarade, et le sang tachant le visage de Jean-Jacques lui fit perdre son sang-froid.

– Mon Dieu! vous l'avez tué?

– Je... je ne crois pas... ou alors c'est qu'il n'avait pas le crâne bien solide...

Monique s'agenouilla près du blessé qui revenait à lui et, avec une pointe d'admiration, convint :

– Vous l'avez drôlement arrangé, le beau Jean-Jacques... (Et ramassant les débris du vase qui avait servi d'arme contondante :) Heureusement qu'il n'était pas en bronze, sinon il n'y aurait plus qu'à alerter la police...

À son tour, Mlle Armandine, qui logeait à l'étage au-dessous, juste sous la chambre de Déborah, se présenta, inquiète.

– Quelque chose qui ne va pas, mon petit?

Monique s'écarta, découvrant Jean-Jacques. Mlle Armandine n'en parut pas autrement émue.

– Tiens, tiens... On dirait que notre don Juan est tombé sur un bec. Qu'est-ce qu'il a exactement?

Monique se chargea des explications :

– L'arcade sourcilière droite fendue et Déborah l'a un peu assommé en lui brisant le vase, souvenir d'Arcachon, sur la tête.

La vieille demoiselle se mit à rire silencieusement.

– Vous ne pouvez comprendre le plaisir que vous me faites, Déborah... il est simplement dommage que vous ne puissiez traiter ainsi tous les hommes de cette famille. Vous êtes une fille bien, mon enfant.

36

D'une maîtresse gifle, Mlle Armandine obligea le blessé à revenir à lui. Ce qu'il fit de fort mauvaise grâce.

– Et alors, Jean-Jacques, vous vous sentez mieux?

– Où suis-je, cousine?

– Là où vous ne devriez pas être : dans la chambre de Déborah.

– Ah! oui... Qu'est-ce qui m'est arrivé?

– Il vous a été simplement prouvé que toutes les femmes ne sont pas ce que votre beau-frère et vous proclamez. Demain matin, vous irez chez le Dr Lagnan vous faire mettre deux ou trois points de suture et j'espère que cela vous laissera une cicatrice. Sa vue dans la glace de votre salle de bains vous ramènera quotidiennement à une humilité dont vous manquez fâcheusement. Allez, levez-vous, que je vous raccompagne chez vous.

Le regard encore légèrement hébété, Jean-Jacques obéit et, lorsqu'il eut retrouvé la position verticale, il demanda à Déborah :

– Vous alors, je vous retiens! Où avez-vous appris à frapper si fort?

– Avec mes frères.

– Je vous dois des excuses, Déborah, je vous prie de les accepter.

– « Les plaies d'une blessure sont un remède pour les méchants; de même les coups qui pénètrent jusqu'au fond des entrailles. »

Sur cette citation du Livre des Proverbes, Jean-Jacques Nantilly quitta la chambre appuyé sur l'épaule de sa tante, car la tête lui tournait un peu.

Quand elle fut de nouveau seule, Déborah prit une feuille de papier et, pensant à Pascal Arenas qui l'avait assaillie dans la montagne, au garçon du

Jardin Public, aux sous-entendus de Jérôme Nantilly et, enfin, à l'agression de Jean-Jacques, elle écrivit à sa mère : « *Maman, vous aviez raison, qu'ils soient de la Religion ou papistes, les hommes sont dégoûtants...* »

Si Jean-Jacques put garder le secret à l'égard de sa famille sur son aventure nocturne – il était allé de bonne heure se faire panser, et revenu en déclarant qu'il avait manqué le trottoir et était fort malencontreusement tombé –, il ne parvint pas à dissimuler la vérité à son beau-frère, car la conquête de Déborah avait fait l'occasion d'un pari entre ces deux roués totalement dénués de scrupule. Refusant d'écouter les conseils du frère de sa femme et de tenir compte de la mise en garde, Patrick Gugney se vanta de triompher là où l'autre venait d'échouer.

– Méfie-toi, Patrick, cette petite a une droite terrible.

Gugney eut un sourire d'une extrême fatuité.

– Je m'arrangerai pour qu'elle ne puisse se servir de ses bras.

– Difficile, non?

– Pas du tout! Il s'agit simplement de guetter l'occasion.

– Patrick..., laisse-la tranquille.

Gugney regarda son rival avec étonnement.

– Tu parles sérieusement?

– Oui... Cette gosse est quelqu'un de pas mal du tout, tu sais. Alors, fichons-lui la paix!

Patrick ricana :

– Je lui ficherai la paix après.

Jean-Jacques s'énerva :

– Comme tu as fait à Suzanne?

– Ah! non, mon vieux, ça ne prend pas! Suzanne, c'est ton rayon, pas le mien!

L'arrivée d'Irène Gugney interrompit une explication qui tournait à l'aigre.

L'occasion cherchée par Patrick se présenta un après-midi où, M. Nantilly étant à son bureau, Mlle Armandine et Jérôme chacun dans sa chambre, Mme Nantilly et sa fille à une fête de charité, le maître d'hôtel et Monique sortis, Agathe, la cuisinière, se trouvait seule dans l'office avec Déborah, occupées toutes deux à plumer et brider des volailles. Patrick se précipita chez son beau-frère.

– Ça y est, mon vieux, le moment est venu! Je requiers ton assistance!

– Que veux-tu que je fasse? Que je prie le toubib de se tenir en état d'alerte pour venir te raccommoder?

– Mon petit doigt me chuchote que je n'en aurai pas besoin.

– Tu ne devrais pas écouter ton petit doigt.

– Craindrais-tu de perdre ton pari?

– Je suis prêt à le doubler!

– D'accord! Mais tu joues loyalement le jeu?

– Je ne sais pas jouer autrement, monsieur Gugney!

– Parfait! Dans ce cas, je t'envoie Agathe.

– Agathe? Qu'est-ce que tu veux que j'en fasse?

– Ce qu'il te plaira, mais elle est dans la cuisine avec Déborah et tu comprendras qu'elle me gêne...

Agathe, tout en achevant de brider un poulet, racontait que si elle l'avait désiré, dans sa jeunesse, elle eût pu épouser un multimillionnaire follement épris d'elle, lorsque Patrick entra dans la cuisine.

– Agathe, M. Jean-Jacques vous demande de le rejoindre au salon.

– Au salon?

– Il a des conseils à vous réclamer au sujet d'une réception qu'il se propose d'organiser.

– C'est que je ne suis pas en tenue pour me rendre au salon... D'habitude, c'est Madame qui s'occupe...

– Aucune importance. Allez vite, car Jean-Jacques paraît très excité par ses projets.

Tout en maugréant, la cuisinière ôta son tablier et sortit pour retrouver Jean-Jacques au salon.

– Ah! Agathe... Patrick et moi allons réunir nos amis d'ici peu et je souhaiterais que vous étudiiez un menu un peu moins solennel que ceux ordinairement préparés par ma mère.

– Vous avez une idée sur ce que vous désireriez leur offrir?

Jean-Jacques s'arrangea pour prolonger jusqu'aux limites du possible une discussion aussi byzantine que gastronomique pour laisser tout le temps à Patrick de développer sa stratégie amoureuse. La cuisinière et lui en arrivaient au choix de l'entremets lorsqu'un cri – évoquant le rugissement du lion blessé – leur parvint de la cuisine. D'un même élan, ils se précipitèrent.

L'héritier des Nantilly faillit éclater de rire devant le spectacle s'offrant à lui. Déborah, l'œil étincelant, la coiffure légèrement dérangée, se dressait face à Patrick Gugney qui se tenait le postérieur en gémissant. Avec stupeur, Jean-Jacques remarqua que les doigts de la main gauche de son beau-frère étaient tachés de sang.

– Que t'est-il arrivé, Patrick?

– Cette maudite fille m'a blessé!

– Blessé! Mais où?

– Difficile à dire, mon vieux, et encore plus à montrer.

40

Tandis que Jean-Jacques cédait au fou rire, Agathe, indignée, criait :

– Déborah! Comment avez-vous pu?...

Révoltée, la jeune fille protesta :

– Comment j'ai pu? Mais il m'a sauté dessus! Il m'a emprisonné les bras et il a voulu m'embrasser.

– Alors?

– Alors, je tenais l'aiguille à brider... Je l'ai plantée où j'ai pu.

Assis sur une chaise, Jean-Jacques pleurait de joie. La cuisinière s'adressa au blessé :

– Monsieur Patrick! ne comprenez-vous pas que toutes les filles ne sont pas comme la malheureuse Suzanne?

– Vraiment pas le moment de me faire la morale...

– Bon! Retournez dans votre chambre, Déborah, et vous, monsieur Jean-Jacques, laissez-moi seule avec M. Patrick, que je le soigne... Allez, baissez votre pantalon, monsieur Patrick.

Gêné, ce dernier protesta mollement :

– Vous voulez vraiment que...

– Qu'est-ce que vous vous figurez? A mon âge, j'ai vu plus d'un derrière, vous savez...

Avant de partir, Jean-Jacques conseilla à son beau-frère :

– Si vous étiez beau joueur, mon vieux, vous vous excuseriez, vous aussi, auprès de la vierge biblique!

– D'accord, vous avez gagné... Mes excuses, Déborah.

Elle le toisa avec mépris.

– « Observez ce qui est droit, et pratiquez ce qui est juste; car mon salut ne tardera pas à venir et ma

41

justice à se manifester », ainsi parle l'Eternel par la bouche d'Esaïe.

– *Amen*, crut bon de répondre Agathe.

Durant les jours qui suivirent, Déborah se demanda si elle ne devrait pas retourner chez elle, car elle commençait à en avoir assez des Nantilly. Elle ne resta, en définitive, que parce que Mlle Armandine le lui demanda, et que Monique le lui conseilla. Le maître d'hôtel, mis au courant de l'incident de la cuisine par Agathe, regretta la familiarité inadmissible du geste de la jeune fille, mais reconnut qu'elle n'avait peut-être pas eu d'autre moyen de se défendre et que, en tout cas, il espérait que d'aussi pénibles aventures ne se renouvelleraient pas.

Tout ce tohu-bohu fut vite oublié, pour deux raisons : d'abord parce que le moment approchait où les Nantilly allaient offrir leur réception semestrielle qu'un ministre, marié à Annecy, devait rehausser de sa présence, ensuite, parce qu'un après-midi, Edouard rentra le visage défait et sollicita de Madame un moment d'entretien durant lequel il lui apprit qu'il venait de rencontrer Suzanne Nanteau, la domestique dont on croyait bien être à jamais débarrassé. Convié à donner son avis, le maître d'hôtel avoua craindre une tentative de chantage ou la poursuite d'une vengeance dont il ne prévoyait pas la forme qu'elle prendrait, sinon la menace d'un scandale.

Quelques jours plus tard, Edouard crut tomber d'un coup de sang en voyant passer – venant indiscutablement de l'escalier menant aux chambres – cette abominable Suzanne. Il se précipita :

– Suzanne! Comment osez-vous? Dans cette maison! D'abord, de quelle façon êtes-vous entrée? Qui vous a ouvert la porte?

La jeune femme fixa le maître d'hôtel et, avec une vulgarité dont Edouard ne se souvenait pas avoir eu d'exemple, elle répliqua :

– Si on te le demande, mon gros, tu répondras que tu n'en sais rien!

Foudroyé, le maître d'hôtel eut du mal à reprendre son souffle et, lorsqu'il y parvint, Suzanne avait disparu, refermant sur elle la porte donnant sur le jardin et le boulevard. Quelle audace! Quelle insolence! Mais qu'est-ce qui avait pu la transformer ainsi? Il se précipita chez Madame pour lui faire un récit détaillé de l'incroyable scène qu'il venait de vivre et dont il ne réussissait pas à se remettre complètement.

Mme Nantilly réagit en parfaite maîtresse de maison.

– Je vous remercie, Edouard... Je procéderai à une enquête pour essayer de savoir qui est assez fou pour introduire cette fille dans notre maison, après ce qui s'est passé. Si ce n'était vous qui me le rapportiez, je me refuserais à le croire... (Et se laissant aller à une faiblesse qui n'était pas dans son caractère :) C'est quelquefois bien difficile, Edouard, pour une femme, de diriger une maison où les hommes oublient leur devoir.

Discret, le maître d'hôtel se contenta d'approuver d'un hochement de la tête. Henriette Nantilly reprit :

– Mais pour l'instant, nous ne devons penser qu'à la réception de ce soir, notre réputation s'y jouera une fois de plus. Vous savez, Edouard, que nous accueillerons M. le ministre Grandelles et sa femme Chantal qui passe pour une des plus jolies femmes de Paris. Monique se chargera du vestiaire, vous

vous occuperez de recevoir nos hôtes et Déborah passera les rafraîchissements. Comme d'habitude, Edouard, je compte sur vous pour que tout soit parfait.

– Madame ne doute certainement pas que je ferai de mon mieux.

Répondant aux désirs profonds d'Henriette Nantilly, la soirée se déroulait dans les meilleures condition possible. Mlle Armandine s'occupait des dames les plus âgées dont Georges Nantilly entretenait les maris de ses soucis dans le marasme actuel des affaires. Irène jouait la fille de la maison. Jean-Jacques et Patrick courtisaient Chantal Grandelles qui, effectivement, était très belle en dépit de pieds trop grands qui faisaient son désespoir. Quant au ministre, il pérorait pour un cercle de quémandeurs et d'hommes du monde trop bien élevés pour lui laisser entendre qu'il les ennuyait.

Brusquement, l'atmosphère changea lorsque Déborah entra dans le grand salon en poussant devant elle une vaste table roulante où s'entassaient tous les rafraîchissements souhaitables. Edouard l'accompagnait pour servir. La beauté naturelle de cette grande fille brune aux yeux bleus impressionnait ces hommes et ces femmes habitués aux artifices des visagistes et des coiffeurs. Henriette Nantilly y savoura une vanité supplémentaire. De l'avis général, elle avait à son service une des plus jolies filles qui se pût rencontrer. La joie d'Henriette était d'autant plus grande que son oncle Jérôme n'était pas là pour en ternir l'éclat avec ses ricanements sceptiques. Ours mal léché, il ne supportait aucune compagnie et, dans les soirs de réception, il regagnait très tôt sa chambre où on lui servait un frugal dîner.

Sauf Jean-Jacques et Patrick, les hommes qui

l'entouraient l'abandonnèrent pour admirer Déborah, et Chantal Grandelles ressentit cette indifférence momentanée à l'égal d'une offense longuement concertée. Son humeur s'en aigrit au point que lorsque la jeune fille passa devant elle, elle tendit subrepticement le pied pour la faire trébucher, ce qui ne manqua pas. La table mal dirigée alla heurter une douairière qui eut un gémissement plaintif. Affolée, Henriette querella tout de suite la servante.

– Voyons, Déborah! Qu'est-ce qui vous prend? Vous pourriez prêter attention à vos gestes!

Confuse mais sincère, la jeune fille tenta de s'expliquer :

– Pardonnez-moi, madame, je n'avais pas vu le pied de Madame.

Des rires discrets coururent, pareils au friselis léger d'un vent de printemps sur les prairies de l'aube, mais si étouffés qu'ils fussent, Chantal Grandelles les entendit et fut aussitôt en proie à une rage folle, toute allusion à ses pieds lui ôtant son sang-froid. Avec une mauvaise foi insigne, elle s'écria :

– Dites tout de suite que je vous ai fait un croc-en-jambe?

– C'est votre pied...

– Vous n'êtes qu'une insolente!

L'affaire s'envenimait. Edouard, qui avait parfaitement vu le manège de Mme Grandelles, voulut emmener Déborah, mais le ministre, l'œil chargé d'éclairs, se mêla au débat.

– Tout ceci est parfaitement intolérable! Adressez immédiatement vos excuses à Mme Grandelles, mademoiselle!

– Des excuses?

En homme habitué à être obéi, le ministre répéta en détachant bien les syllabes :

– I-mmé-dia-te-ment!

– Non.

– Comment?

Effondrée, Mme Nantilly ressemblait à Napoléon sur le champ de bataille de Waterloo. Elle croyait tenir la victoire en main et, d'un coup, tout s'effondrait. Son triomphe devenait désastre par la faute de cette abominable créature qui osait tenir tête à Hector Grandelles! Chantal se leva et, prenant le bras de son mari :

– Je vous en prie, mon ami, retirons-nous.

Le ministre, hors de lui, repoussa le bras de son épouse.

– Un moment, ma chère! Je tiens à connaître les raisons de cette insolence...

Outrée, Déborah explosa :

– Parce que l'Eternel nous demande de nous humilier quand nous sommes dans notre tort, mais nous ordonne de demeurer fermes en notre foi lorsque nous avons la justice avec nous! Madame a fait exprès de tendre son pied pour que je tombe!

Cette accusation créa une sensation profonde. Le teint de Grandelles vira au rouge brique. Sa femme poussa un cri d'oiseau blessé et s'offrit un évanouissement auquel personne ne prit garde. Edouard tapait dans les mains de la maîtresse de maison en la suppliant de ne pas se laisser aller. Le ministre bégaya :

– Vous... vous osez...

Abandonnant sa table roulante, Déborah, sous le coup de la colère, revint à son patois de l'Hospitalet :

– E pieï, m'en fouté! M'emmasquas toutès! S'és pas qué dé messourguiès! M'en vaou a moun oustaou! (Et puis, je m'en fiche! Vous m'embêtez tous! Vous n'êtes que des menteurs! Je rentre chez nous!)

Contrairement à toute attente, le ministre ne succomba pas à un coup de sang. A la stupeur générale, un air d'incrédulité se répandit sur son visage et ce fut d'une voix presque amicale qu'il demanda à la femme de chambre :

– Voulez-vous répéter ce que vous venez de dire, comme vous l'avez dit ?

– E pieï, m'en fouté! M'emmasquas toutès! S'és pas qué dé messourguiès! M'en vaou a moun oustaou!

Dans la même langue, Hector Grandelles s'enquit :

– D'enté sès, moun pitchio? (D'où êtes-vous, mon petit ?)

– Dé l'Hospitalet.

– Ma grand habito encaro Sint-André-de-Valborgno! (Ma grand-mère habite encore Saint-André-de-Valborgne!)

Le vent venait de tourner; Henriette Nantilly, sans qu'elle en comprît bien la raison, se remit à espérer. Chantal Grandelles, pressentant la défaite, essaya de lutter.

– Hector...

– Cela suffit, Chantal... Asseyez-vous. Cette enfant n'a sûrement pas fait exprès de vous heurter.

– Mais Hector, vous-même...

– Méfiez-vous, Chantal! Vous risquez de devenir ridicule. Coumo vous appelas, moun pitchio? (Comment vous appelez-vous, mon petit ?)

– Débourah Puisserguier.

Le ministre parut enchanté.

– Y a pas qué per aqui, din nostos mountagnos, per porta dé tant poulis prénoums. (Il n'y a que chez nous, dans nos montagnes, qu'on porte d'aussi beaux prénoms.)

Henriette Nantilly respirait. La situation était sauvée. Dieu! que cette Déborah avait fait preuve d'intelligence en venant au monde dans le pays de leur hôte!

– Débourah, voulès mé douna uno bello joyo? (Déborah, voulez-vous me faire un grand plaisir?)

– Sé podé! (Si je peux!)

– Couneïssès lou Siaoumé de los Bataillos? (Connaissez-vous le Psaume des Batailles?)

– Ségu! (Bien sûr!)

– Alors, vous en prégué, cantas mé lou! (Alors, je vous en prie, chantez-le-moi!)

La jeune fille regarda en direction d'Henriette qui lui donna permission d'un signe de tête. Et dans ce salon, le vieux chant que chantaient tous ceux qui allaient mourir sous les coups des dragons de Sa Majesté Très Chrétienne monta, s'épanouit, régna sur ces gens qui, subitement, en l'écoutant, prirent conscience de leur nullité et en furent gênés. Grandelles soutint Déborah, mêlant sa voix à la sienne.

La soirée s'affirma un succès sans précédent. Hector Grandelles, en prenant congé des Nantilly, leur assura qu'il venait de vivre un moment exaltant dont il les remerciait de tout cœur.

Le lendemain matin, au moment du petit déjeuner, Henriette Nantilly tint à féliciter Déborah, devant tous, pour la part qu'elle avait prise à la réussite de sa réception.

– Et maintenant, veuillez aller prévenir M. Jérôme que le café est servi.

Quelques instants plus tard, Déborah revenait dans la pièce. Elle était extrêmement pâle, des larmes brillaient dans ses yeux. Henriette pressentit la catastrophe.

— Madame...

— Eh bien! quoi? Qu'est-ce qu'il y a? Pourquoi Jérôme ne descend-il pas?

— Il peut pas...

— Et pour quelle raison?

— Parce qu'il est mort!

La nouvelle les mit tous debout. La disparition de l'oncle Jérôme imposait qu'on mît au plus vite la main sur la cassette contenant ses diamants. Georges Nantilly ne voulut pas croire à cette chance... Il cria presque :

— Comment savez-vous qu'il est mort?

— Il est plein de sang!

Irène et sa mère poussèrent un cri d'horreur tandis que Déborah, pratique, ajoutait :

— C'est d'ailleurs pas étonnant avec le couteau qu'on lui a planté au beau milieu de la poitrine.


III


A la Sûreté Nationale d'Annecy, personne n'aimait Joseph Plichancourt, officier principal. Cependant, chacun — et surtout ses supérieurs — rendait hommage à ses qualités professionnelles. C'est qu'il y avait en lui quelque chose qui glaçait dès l'abord. Grand, maigre, on se demandait toujours si cet homme était accessible à la moindre passion. Il ne fréquentait personne et vivait seul dans une chambre louée chez une veuve d'âge canonique, dans la rue Sainte-Claire. Vêtu de couleur sombre, portant une cravate noire, il ressemblait à un ordonnateur des Pompes Funèbres plutôt qu'à un policier. En bref, il n'attirait pas la sympathie et, en sa présence, les témoins se pétrifiaient. En revanche, il raisonnait astucieusement sur des indices qui, souvent, avaient échappé aux autres enquêteurs. Il détestait les brutalités physiques ou morales, leur préférant une méthode déconcertante qui, par maints détours, parvenait assez souvent au but. D'une raideur courtoise, il ne nourrissait aucune illusion sur l'amitié de ses collègues et manquait totalement d'humour. Il soupçonnait tout le monde de lui en vouloir. La moindre plaisanterie à son endroit lui devenait injure, un refus à une demande se muait en humiliation voulue et longuement mijotée. Un vertueux et un aigri.

Joseph Plichancourt n'ignorait pas que ses collègues s'arrangeaient pour lui passer les plus désagréables tâches. Il les acceptait sans murmurer, mais avec un sourire montrant bien qu'il n'était pas dupe. Quant aux subordonnés de l'officier de police principal, chaque matin, en se levant, ils priaient le dieu de leur choix de les protéger en ne les mettant pas sur une affaire en compagnie de Joseph Plichancourt.

Ce matin-là, à peine Plichancourt entrait-il dans son bureau qu'un planton vint le prévenir que le commissaire Mosnes le demandait d'urgence.

Charles Mosnes était le contraire de Joseph. Il aimait la vie, les réceptions, était attentif à s'insinuer dans la bonne société et employait une grande part de son activité à s'élever d'échelon en échelon dans l'ordre mondain, sachant que, s'il était accueilli ici, il pourrait espérer de l'être là. Une sorte d'escalade commencée depuis vingt ans et qu'il continuerait jusqu'à sa mort. Ces ambitions sociales l'obligeaient – même si ce n'eût été dans sa nature – à se montrer toujours aimable, disert, empressé. Il ne changeait pas d'attitude avec ses subordonnés et ses paroles les plus flatteuses cachaient parfois – sans qu'on le pût taxer d'hypocrisie – des condamnations sans appel. Pour toutes ces raisons, le commissaire Mosnes n'éprouvait pas l'ombre d'un commencement de sympathie pour l'O.P.P. Plichancourt.

– Vous m'avez fait appeler, monsieur le commissaire?

– Bonjour, Plichancourt. Asseyez-vous...

– Bonjour, monsieur le commissaire.

– Vous avez pris connaissance des nouvelles de la nuit?

– Pas encore, monsieur le commissaire.

– Nous avons une bien vilaine affaire sur les bras.

– Vraiment, monsieur le commissaire?

– Vous connaissez les Nantilly?

– Des pâtes alimentaires Manigod? Naturellement, je ne les connais pas particulièrement... mais qui n'a pas entendu parler d'eux... D'autre part, le fils et le gendre défraient la chronique des faits divers badins...

Charles Mosnes ne dit pas à son subordonné qu'être reçu chez les Nantilly marquerait pour lui le sommet de sa courbe ascensionnelle.

– Figurez-vous, mon bon, que le frère de Mme Nantilly – Jérôme Manigod, un vieux garçon aussi avare que riche, et qui avait la marotte des diamants dont il gardait une jolie collection dans sa chambre – a été assassiné cette nuit d'un coup de poignard en plein cœur.

Plichancourt ne put se retenir de siffler d'étonnement.

– Crime de professionnel, monsieur le commissaire.

– Hélas!... il n'y semble pas. Bien sûr, les diamants ont disparu et seule la famille et les domestiques connaissaient l'existence de ces pierres... Le meurtre a eu lieu pendant une réception que les Nantilly donnaient hier soir. Le médecin légiste fait remonter la mort vers minuit, 1 heure du matin.

– Quel genre d'invités?

Mosnes estima que cette question témoignait d'un certain manque de tact et répondit sèchement.

– Vous devez penser, Plichancourt, que les Nantilly ne reçoivent pas n'importe qui. Il y avait Grandelles, le ministre... (Aux yeux du commissaire, cette présence ennoblissait toutes les autres.) Nous nous sommes fait remettre la liste des invités. Tous d'une honorabilité indiscutable et d'une position sociale solide.

– L'hypothèse de quelqu'un du dehors profitant de cette soirée extraordinaire doit-elle être exclue?

– Vous savez bien que nous n'écartons, a priori, aucune hypothèse, mais cela semble improbable... Pas trace d'effraction. Même dans ce cas, il faudrait admettre une complicité à l'intérieur de la maison.

– Alors...

Mosnes poussa un soupir résigné.

– Eh oui! Il semble que nous devions accepter l'idée que c'est un des hôtes de la villa qui a tué Jérôme Manigod.

Il y eut un silence pendant lequel les deux hommes mesuraient l'importance de cette déduction et ses conséquences.

– Vous comprendrez, j'en suis sûr, que pour enquêter dans ce milieu où le moindre faux pas peut se transformer en une gaffe regrettable, il faut un policier de qualité, sachant manœuvrer avec habileté. Sinon, c'est la catastrophe... pour moi comme pour vous.

– Pour moi?

– Je vous charge de débrouiller cette histoire en montrant la plus grande discrétion possible.

– Je vous remercie de votre confiance, monsieur le commissaire.

L'ironie qui vibrait dans cette réponse trop déférente n'échappa nullement à Charles Mosnes qui décida de ne pas s'en soucier.

– Dans ces conditions, vous avez carte blanche, Plichancourt.

– Où est le corps?

– Transporté à la morgue après que toutes les premières formalités eurent été achevées. Je n'ai pas voulu vous envoyer chercher tout de suite, car je sais que vous aimez travailler dans le silence et en dehors de toute agitation. Vous n'aurez même pas, si cela vous déplaît, à rencontrer ces messieurs du Parquet... Je ferai l'intermédiaire.

Plichancourt comprenait très bien que cela signifiait que le commissaire s'attribuerait l'honneur de la réussite si le coupable était découvert. En cas d'échec, il pousserait l'O.P.P. au premier plan. Ce dernier se leva.

– Avec votre permission, monsieur le commissaire, je me mets tout de suite à la tâche.

– Je vous en serais obligé.

– Qui prendrais-je pour me seconder?

– J'ai libéré l'inspecteur Girelle de tout service afin qu'il demeure à vos côtés.

Plichancourt eut une grimace qui, intérieurement, réjouit fort Charles Mosnes.

– Je sais, Plichancourt, ce que vous pensez, mais Girelle pourra assumer des travaux où vous perdriez votre temps : interrogatoires des domestiques, enquêtes mineures, etc.

Ce que le commissaire n'ajoutait pas, c'est que, à son idée, l'inspecteur Girelle amènerait une note humaine dans les recherches peut-être trop sévères, trop désincarnées de l'inspecteur principal Plichancourt.

Léon Girelle, un beau garçon d'une trentaine d'années, un sportif respirant la joie de vivre et paraissant peu préoccupé de soucis métaphysiques, arriva au bureau en chantonnant. Sa belle humeur tenait à ce que sur Annecy brillait un soleil qui lui rappelait son soleil provençal. Il venait de Marseille et avait eu du mal à s'adapter au climat de la Haute-Savoie. Sa grande faiblesse était l'amour, mais un amour qui, s'il demeurait toujours égal à lui-même, s'accommodait de changements fréquents de partenaires. Une fois par mois, en moyenne, il rencontrait la femme de sa vie. C'est ce qui s'était passé la veille au soir au casino et c'est pourquoi, l'esprit encore occupé par sa nouvelle conquête, il ne prêta pas tout de suite attention à la manière dont ses collègues le regardaient.

– Alors, les gars, ça va ?

Frédéric Dompierre, le doyen des inspecteurs, répliqua goguenard :

– Nous, ça va...

– Parfait ! Moi aussi ! La vie est belle.

– J'espère pour toi, Léon, que tu ne changeras pas trop vite d'opinion.

— Et pourquoi changerais-je d'opinion, mon vieux?

— Lorsque tu sauras qu'on a assassiné quelqu'un de la haute.

— Je ne vois vraiment pas pourquoi cette triste nouvelle devrait entamer mon optimisme.

— Parce que tu as été désigné pour mettre la main au collet du meurtrier.

— Moi?

— Toi!

Girelle haussa les épaules.

— Je me doutais bien que les vacances ne dureraient pas toujours et que le ministre de l'Intérieur ne pouvait plus se permettre, sous peine de s'entendre reprocher de gaspiller les deniers publics, de laisser sur la touche le plus intelligent des policiers de la Sûreté. Avec qui vais-je faire équipe?

C'est là qu'ils l'attendaient.

— Joseph Plichancourt.

— Oh non!

— Oh si!

Léon, abattu, se laissa tomber sur une chaise et ses collègues vinrent, à tour de rôle, lui tapoter amicalement l'épaule, lui serrer la main, lui présenter leurs condoléances d'une voix faussement apitoyée. Dompierre acheva Girelle en l'avertissant que l'inspecteur principal l'attendait dans son bureau.


Plichancourt méprisait Girelle qui représentait à ses yeux la médiocrité dans la vulgarité. Il stigmatisait une conduite que, au fond, il regrettait peut-être de n'avoir pu pratiquer. Au fur et à mesure qu'il prenait de l'âge, Joseph affectait une misogynie qui n'était, sans doute, que l'aveu camouflé d'une détresse sans limites. Girelle, lui, tenait l'inspecteur principal pour un pisse-froid dont la seule vue suffisait à vous flanquer le cafard.

L'inspecteur principal reçut son subordonné avec une morgue non exempte de hargne.

– Il ne me semble pas, inspecteur, que vous ayez une idée très nette des horaires qu'il vous incombe, professionnellement, de respecter?

– C'est-à-dire que...

Plichancourt coupa sèchement :

– Je ne pense pas qu'il n'y ait rien à dire. Je veux simplement espérer que vous montrerez plus de conscience dans la tâche difficile que nous allons entreprendre de compagnie. J'imagine que vous êtes au courant?

– Assez vaguement...

– Dans ce cas, voici les premiers éléments du dossier, qu'on vient de me transmettre. Je vous donne un quart d'heure pour vous en pénétrer, car il est indispensable que vous vous rendiez compte du milieu dans lequel nous avons à évoluer et que vous tâchiez de... comment dirais-je?... de tenter un effort pour que votre tenue... bref, vous me comprenez?

– Parfaitement, monsieur l'inspecteur principal.

– Je vous attends dans un quart d'heure pour gagner la villa des Nantilly. Vous pouvez disposer... Ah! un mot encore... si vous en avez le temps, passez donc chez vous changer de linge, je craindrais que cette chemise, dont le rose délicat peut émouvoir les bonniches, ne suscite une certaine émotion chez les Nantilly.

– Je n'y manquerai pas, monsieur l'inspecteur principal.

– Par la même occasion, si vous possédez une cravate moins voyante... hein?

– Certainement, monsieur l'inspecteur principal...
En somme, que je fasse de mon mieux pour tâcher
de vous imiter?

– Vous pourriez choisir plus mauvais modèle.

– Je n'en doute pas, monsieur l'inspecteur principal... mais ne craignez-vous pas que si je me vêts de
façon aussi sévère que vous, on ne nous croie
envoyés par les Pompes Funèbres?

– Inspecteur, ce genre de plaisanterie peut amuser chez les bistrots. Dispensez-vous-en lorsque
vous êtes avec moi.

– Avec vous, monsieur l'inspecteur principal, je
ne pense pas que j'aurai jamais le goût de plaisanter.

Girelle, ayant lu avec application les notes remi-
ses par les premiers enquêteurs, sut que la victime
avait été tuée sur le coup et que le poignard dont le
meurtrier s'était servi ne portait pas d'empreintes.
Aucune trace apparente de lutte, la porte n'avait
pas été fracturée. Il semblait qu'on pouvait en
conclure que l'entrée de l'assassin n'avait causé ni
surprise ni inquiétude chez Jérôme Manigod. De là
à affirmer qu'il s'agissait d'un familier, il n'y avait
qu'un pas, allègrement franchi par tous les policiers. Jusqu'ici, on s'était contenté de procéder aux
premières constatations, laissant à celui qui serait
désigné par le commissaire le plaisir douteux de se
livrer aux interrogatoires sérieux.

Dès leur arrivée, Joseph Plichancourt commença
par interroger le maître d'hôtel quant aux habitudes ordinaires de la villa. Il inscrivit soigneusement
ces noms sur un carnet noir qu'il rangerait dans un
tiroir spécial de son secrétaire où s'entassaient ainsi
les récits de toutes les affaires auxquelles l'inspecteur principal avait été mêlé depuis ses débuts.

Ayant replacé son calepin dans sa poche, Plichancourt pria Edouard de l'annoncer à M. Nantilly.

– Monsieur n'est pas là, monsieur. Il est à son bureau comme tous les jours. Mais Madame est là...

– Je verrai donc Mme Nantilly. Pendant ce temps, vous voudrez bien donner toutes facilités à mon adjoint pour qu'il puisse interroger le personnel.

– Je n'y manquerai pas, monsieur. Monsieur voudra bien m'excuser un instant, je vais prévenir Madame.

– Je vous en prie.

Lorsque le maître d'hôtel les eut quittés, Plichancourt ne put se retenir de remarquer :

– Il n'y a pas à dire, mais ce n'est que dans ces vieilles familles qu'on rencontre encore un personnel stylé. Vous devriez en prendre de la graine, inspecteur.

– Je n'aspire pas à faire carrière parmi les gens de maison.

– Vous n'en seriez d'ailleurs pas capable.

Le retour d'Edouard empêcha Girelle de répliquer.

– Si monsieur veut bien me suivre?

Plichancourt emboîta le pas au maître d'hôtel pour gagner le grand salon.

Henriette Nantilly fut favorablement impressionnée par la personne austère de Joseph Plichancourt qui la salua en témoignant d'une révérence à laquelle elle fut sensible.

– Asseyez-vous, monsieur l'inspecteur, je vous en prie.

Le policier posa l'extrémité d'une fesse respectueuse sur le bord d'un fauteuil fait pour recevoir des croupes plus importantes.

– Merci, madame... Je vous serais infiniment obligé, madame, de me faciliter une tâche très désagréable et infiniment délicate. Ma seule présence professionnelle en un pareil lieu est déjà incongrue... et je pense que vous souhaitez, madame, ainsi que tous les vôtres, ne pas défrayer la curiosité publique... Pour cela, il n'y a qu'un moyen : m'éviter de chercher des renseignements ailleurs.

Devant tant de compréhension, tant de déférence, Henriette Nantilly gloussa de plaisir.

– Je suis vraiment enchantée, monsieur l'inspecteur... J'ignorais que la police employât des hommes du monde... Posez-moi toutes les questions que vous voudrez, j'y répondrai de mon mieux, en tout cas, avec la plus totale franchise.

– Alors, madame, ayez la bonté de me parler de la victime.

– Mon oncle Jérôme, frère cadet de mon père, donc un Manigod, dont je n'ai pas à vous entretenir...

Plichancourt leva les yeux au ciel pour bien signifier toute la vénération dont il était empli à l'égard des empereurs de la pâte alimentaire, achevant ainsi la conquête de son hôtesse qui repartit de plus belle.

– Mon oncle a toujours été un original, aucun commerce ne lui convenait... Très jeune, il avait manifesté des dispositions à... comment dire?... à la thésaurisation... A la mort de mon père, il a vendu ses actions pour avoir de l'argent liquide, qu'il a transformé en diamants qu'il gardait, follement, dans sa chambre...

– Et qui ont disparu?

– Et qui ont disparu.

Henriette porta un fin mouchoir à ses yeux.

– Pauvre oncle Jérôme, il ne se doutait certainement pas que ses diamants lui prendraient sa vie...

Sa mort n'est pas la mort de tout le monde... Il est vrai qu'il ne faisait jamais rien comme tout le monde... Nous l'hébergions, car son... enfin, disons le mot, son avarice ne lui avait pas procuré d'amis. En lui ouvrant notre maison, nous ne pensions vraiment pas que...

Elle ne put continuer et pleura de la façon la plus discrète et la mieux élevée qui se pût imaginer.

Le maître d'hôtel méprisait quelque peu les gens de police et, ayant indiqué à Girelle la porte de l'office, il retourna à ses occupations. Ce n'était pas une raison – ainsi qu'il l'expliqua à l'inspecteur – parce qu'il y avait un crime dans la maison pour qu'on laissât tout aller à vau-l'eau.

L'office étant abandonné, Léon poussa jusque dans la cuisine où se tenait Agathe Vieillevigne. Le Marseillais usa de sa méthode habituelle :

– Salut, ma petite dame, belle journée, hé?

Déesse outragée, Agathe se retourna lentement et, fixant l'intrus avec mépris, demanda d'un ton dégoûté :

– Qui êtes-vous, jeune homme, et qui vous a permis d'entrer?

– Mais...

– On ne vous a jamais appris qu'on ôtait son chapeau pour parler à quelqu'un et plus encore à une femme?

L'inspecteur rougit et enleva vivement son couvre-chef, qu'il avait remis parce que personne ne lui avait proposé de l'en débarrasser.

– Excusez-moi...

– Et maintenant, si vous me disiez pourquoi vous vous êtes cru permis d'entrer dans ma cuisine sans y avoir été autorisé?

Girelle commença à s'énerver.

– Entre nous, ma petite dame, vous feriez bien de changer de ton, sinon je risque de me fâcher!

– Voyez-vous ça! Monsieur va se fâcher!

Elle empoigna le manche de son couperet et marcha résolument à l'ennemi.

– Eh bien! fâchez-vous donc un peu pour voir!

– Attention! Plus un pas si vous ne tenez pas à faire un séjour prolongé en prison!

– En prison?

– Pour voies de fait sur un policier dans l'exercice de ses fonctions! Je suis l'inspecteur Girelle de la Sûreté Nationale, princesse, hé?

Agathe reposa son couperet.

– Qu'est-ce que vous voulez?

– Que vous me parliez de la mort de Jérôme Manigod.

– Je n'en sais rien. Déborah, la seconde femme de chambre, est venue l'annoncer, un point c'est tout. Je ne me suis même pas rendue à son chevet. Je déteste regarder les morts, surtout les morts de cette espèce et, à présent, fichez-moi le camp. Vous m'avez assez fait perdre de temps!

– Oh! dites, princesse, un peu de calme! Je ne suis pas ici pour mon plaisir, mais pour mon boulot... Vous aimiez ce Jérôme?

– Non.

– Pourquoi?

– Ça ne vous regarde pas!

– Que si! Répondez-moi ou je vous embarque et vous vous expliquerez dans nos bureaux. Alors? Pourquoi n'aimiez-vous pas la victime?

– Parce que la plupart des hommes me dégoûtent, mais ce n'est pas une raison pour que je les tue, sinon vous seriez déjà mort!

– Non, mais, par la Bonne Mère, à qui croyez-vous parler?

L'entrée du maître d'hôtel mit un terme à un dialogue tournant à l'aigre.

– Des ennuis, madame Agathe?

– C'est ce gamin qui me tarabuste. Il se figure qu'il va m'obliger à dire ce que je ne tiens pas à dire. (Elle haussa les épaules en accompagnant son geste d'un ricanement de mépris :) Il aurait fallu qu'il se lève de meilleure heure, ce morveux!

Edouard sourit, complice.

– Je sais, madame Agathe, que vous êtes une personne sensée.

– Merci, monsieur Edouard.

Girelle avait nettement l'impression qu'on se moquait de lui. Il n'était pas homme à le supporter. Il sauta littéralement sur place en criant :

– Vous finissez, tous les deux? Je vous avertis que, si vous continuez à me mettre en boîte, vous vous réservez de sérieux ennuis!

Le maître d'hôtel contempla le policier avec une aversion non dissimulée et lui demanda avec hauteur :

– C'est à moi que vous vous adressez, monsieur?

– Parfaitement, monsieur! A vous et à cette femme qui se prend pour une reine!

– C'en est une dans son art, monsieur.

Agathe sentit son cœur fondre de reconnaissance.

– Merci, monsieur Edouard...

Exaspéré, Léon réagit de façon brutale :

– Si vous vous figurez me snober, tous les deux, vous vous êtes trompés de crémerie!

Edouard remarqua :

– Monsieur voudra bien m'excuser, mais Monsieur use d'un vocabulaire qui nous est étranger. N'est-ce pas, madame Agathe?

– Sans aucun doute, monsieur Edouard.

Girelle alla se planter devant le maître d'hôtel.

– Qu'est-ce que vous pensez de l'assassinat de Jérôme Manigod?

– Un événement bien regrettable.

– Non?

– Si.

– C'est bien bon à vous... Mais, à part vos regrets, vous avez bien une opinion sur ce crime?

– Non.

– Alors, on tue un de vos maîtres et ça vous laisse aussi froid qu'indifférent?

– Monsieur, un homme de ma condition ne pense pas. Il peut tout au plus se permettre de regarder et de se taire!

– Vous n'avez pas le droit de vous taire dans une affaire criminelle!

– Je suis seul juge, Monsieur, de ce que j'ai, personnellement, le droit de faire ou de ne pas faire. La mort de M. Jérôme est un malheur mais pas assez grand pour m'autoriser à transgresser le code d'honneur des gens de maison qui, parce qu'ils ont le privilège de tout voir, ont le devoir de ne rien dire.

– Alors, vous refusez de parler?

– Je ne m'y sens pas enclin, monsieur.

– C'est ce que nous verrons! En attendant vous allez me donner vos noms, prénoms et qualités et vous aussi, la cuisinière... à moins que vous ne soyez pas non plus enclins à me révéler vos états civils?

Lorsque Henriette Nantilly se tut enfin, Joseph Plichancourt, qui l'avait écoutée attentivement, résuma l'exposé.

– Si je vous ai bien compris, madame, votre mari

est un homme d'affaires heureux dont la probité est citée en exemple, Mlle Manigod une de ces demoiselles d'âge qui, dans les bonnes familles, sont les gardiennes des traditions ancestrales, votre fille – Mme Gugney – une femme dont n'importe quelle mère pourrait se montrer justement fière, votre fils, Jean-Jacques, une nature droite, un peu trop gâté peut-être, ce qui explique qu'à son âge il ne se soit pas encore décidé à travailler très sérieusement. Il est imité en cela par son beau-frère Patrick Gugney qui est cependant, à vos yeux, le gendre que toutes les belles-mères souhaiteraient avoir. Votre frère Jérôme s'affirmait un philosophe doux et paisible ne se méfiant jamais de rien et n'ayant pratiquement aucune relation extérieure. J'ajoute que votre maître d'hôtel, depuis longtemps à votre service, est au-dessus de tout soupçon, ainsi que la cuisinière. Vous vous portez garante de la vertu et de l'honnêteté de vos deux femmes de chambre et affirmez que le chauffeur borne ses ambitions à maintenir en état les moteurs de vos voitures.

La maîtresse de maison eut un roucoulement approbatif.

– Vous avez parfaitement résumé la situation, inspecteur.

– Je n'en doute pas, madame, seulement...

– Seulement?

– ... Il y a un ennui.

– Un ennui? Quel ennui?

– Vous devez vous tromper sur l'un de ceux dont vous venez de faire le panégyrique.

– Vraiment? Et pourquoi, je vous prie?

– Parce que Jérôme Manigod a été assassiné, que le vol est le mobile du crime et que le criminel habite forcément cette maison.

64

Lorsqu'il en eut fini avec Edouard et Agathe, Girelle pria les deux domestiques de sortir et ordonna au maître d'hôtel de lui envoyer la première femme de chambre. Agathe montra la plus mauvaise grâce à se plier aux exigences du policier.

— Je ne croyais pas que j'arriverais à mon âge pour me voir flanquer hors de ma cuisine par un blanc-bec! Décidément, c'est le monde renversé! Estimez-vous qu'il est dans son droit, monsieur Edouard?

— Je le crains, madame Agathe.

— Eh bien! monsieur Edouard, vous me permettrez de vous dire que c'est un abus de pouvoir!

— L'époque le veut, madame Agathe... Il n'est nul besoin de posséder une éducation parfaite pour entrer au service de la Justice.

— Et ma blanquette?

— Pardon?

— J'ai une casserole de blanquette sur le feu, si j'interromps sa cuisson, elle sera ratée.

— Tant pis pour la blanquette, madame Agathe. Il semblerait que la Justice s'oppose à ce que vous réussissiez votre blanquette aujourd'hui.

La cuisinière marmonna des choses très désagréables sur le compte des fonctionnaires de la Sûreté Nationale et, après avoir retiré sa casserole du feu, s'en fut en compagnie du maître d'hôtel.

Girelle, qui n'avait pas digéré les vexations dont il avait été l'objet, retrouva sa bonne humeur lorsque Monique se présenta : il la tint tout de suite pour une belle fille n'ayant pas froid aux yeux.

— Mademoiselle, avant tout, dites-moi si vous avez aussi mauvais caractère que le maître d'hôtel et la cuisinière?

Elle rit.

– Ce sera à vous d'en juger.

– Etes-vous disposée à coopérer?

Monique prit un air en dessous pour répondre :

– Cela dépend de ce que vous entendez par là...

Du coup, l'inflammable policier s'embrasa :

– Comment vous appelez-vous, mon petit?

– Monique.

– C'est gentil, Monique... Monique quoi?

– Luzinay.

– Quel âge avez-vous, charmante Monique?

– Vingt-neuf ans.

– C'est le bel âge.

– Vous trouvez?

– Quand je vous vois, j'en suis sûr... C'est l'âge où la femme s'épanouit, où la fleur tient les promesses du bouton...

– Vous parlez rudement bien!

L'inspecteur bomba le torse et arrangea sa cravate. Une fois de plus, une victime consentante s'offrait à lui.

– Dites donc, mon petit, vous avez bien – intelligente comme vous paraissez l'être – une petite idée sur le crime?

– Ma foi non, sauf que j'estime ça dégoûtant.

– Voyons... Qu'est-ce que vous pensiez de Jérôme Manigod?

– Un bonhomme pas tellement intéressant, si vous voulez mon avis.

– Bien sûr que je le veux! Qu'est-ce que vous lui reprochiez?

– Surtout d'être radin comme il n'est pas permis! Avec ça, des mains galopeuses, si vous voyez ce que ça signifie.

– Pas besoin de me faire un dessin!

66

– Et il avait d'autant moins d'excuses d'être radin qu'il était très riche avec tous ses diamants.

– Vous les avez vus?

– Bien sûr... Il m'en a offert un si j'acceptais... Enfin, vous comprenez...

– Et, naturellement, vous n'avez pas marché?

– J'aime bien les diamants, mais pas à ce prix-là!

– Un sentiment qui vous honore, mon petit! Quand avez-vous aperçu Jérôme Manigod pour la dernière fois?

– Hier soir. Pendant la réception, je lui ai monté une tasse de thé.

– Il ne vous a pas paru différent de ce qu'il était d'ordinaire?

– Ma foi, non.

– Et le poignard avec lequel on l'a tué?

– Le coupe-papier qui lui servait ordinairement.

– Vous n'avez pas le moindre soupçon quant à l'identité de l'assassin?

– Tout ce que je peux vous assurer, c'est que ce n'est pas quelqu'un d'ici.

– Pourquoi?

– Parce que... ce n'est pas possible!

– Malheureusement si... c'est plus que possible, c'est probable... Vous a-t-on déjà dit que vous étiez agréable à regarder?

– Quelquefois.

– Vous êtes libre ce soir?

– Oui.

– Ça vous dirait d'aller au cinéma?

– Je pense bien!

– Et si je vous proposais de vous y emmener?

– Il faudrait que je demande la permission à Paul.

– Qu'est-ce que c'est que ça, Paul?

– Mon fiancé.

– Ah?... Oui, eh bien! ce n'est pas la peine de me faire perdre mon temps avec des bavardages qui ne riment à rien!

– Mais c'est vous qui...

– Ça suffit comme ça, mademoiselle Luzinay! Je vous prie de vous retirer et de m'envoyer votre collègue.


Henriette Nantilly trouvait Joseph Plichancourt beaucoup moins « comme-il-faut » depuis qu'il avait voulu l'assurer que le criminel appartenait à la maison. Seulement, elle s'enquit :

– Je pense que vous n'avez plus rien à me demander, monsieur?

– Pour l'instant, non, madame. De votre parenté, qui se trouve en ce moment à la villa?

– Ma fille, sans doute, et notre cousine Armandine Manigod.

– Pourrais-je les voir?

– Assurément, quoique je ne devine pas ce qu'elles pourront vous apprendre de plus que moi.

– Laissez-moi le soin d'en juger, madame, s'il vous plaît.

Décidément, Henriette s'en voulait d'avoir pris pour un homme du monde ce rustre qui entendait mener une enquête chez les Nantilly comme s'il se fût agi d'opérer chez les Dupont ou les Durand. Elle se promit d'en toucher un mot au préfet. En attendant, elle sonna le maître d'hôtel.

– Edouard, voulez-vous voir si Mlle Armandine peut recevoir Monsieur?


Monique avait quitté l'office en remuant insolemment la croupe, et Girelle fut sensible à cette façon de le moquer. Il se sentait d'une humeur massacrante, avec l'impression que dans ce milieu il était un intrus et que chacun s'acharnait à le lui faire comprendre. Mais lorsque Déborah se présenta, sa hargne fondit comme neige au soleil. La beauté de cette fille le stupéfiait. Son allure austère l'intimida dès l'abord. Celle-là, c'était sûrement quelqu'un de bien et Léon en fut remué. Déborah ne ressemblait à aucune des filles qui, jusqu'ici, lui avaient procuré des triomphes trop faciles. Il en devenait timide.

– Bonjour, mademoiselle.

– Bonjour, monsieur.

– Vous vous appelez?

– Déborah Puisserguier.

– Votre âge?

– Vingt-deux ans.

– Vous n'avez pas peur, j'espère?

– Celui qui marche avec l'Eternel pour compagnon ne saurait redouter quoi que ce soit.

– Ah?

Le policier fut un temps avant de se remettre.

– Vous... vous n'êtes pas d'ici, n'est-ce pas?

– J'arrive des Cévennes.

L'inspecteur devinait que celle-là, il fallait la traiter différemment.

– Vous savez pourquoi je suis là?

– Pour la mort de M. Jérôme.

– Oui. Qu'est-ce que vous en pensez?

– Il était de ceux pour qui le prophète Esaïe a dit : « Ce sont vos crimes qui mettent une séparation entre vous et votre Dieu; ce sont vos péchés qui vous cachent Sa face et l'empêchent de vous écouter. »

– Esaïe, hein?

– Esaïe.

– En somme, vous n'aviez pas tellement d'estime pour le défunt?

– C'était un être pervers s'imaginant qu'avec son argent il pouvait tout acheter. Le Seigneur l'a terriblement puni.

– Je vois... Et sur quoi repose votre opinion?

La jeune fille raconta à Girelle la scène qui l'avait opposée à l'oncle Jérôme dans sa chambre, et conclut:

– Celui qui vit dans l'iniquité et la débauche ne doit pas attendre ni espérer la miséricorde divine!

– Bien sûr... Vous êtes fiancée?

– Moi?... Non.

– Tant mieux!

– Ah?

– Enfin, je veux dire... et puis ça n'a pas d'importance... Vous me plaisez beaucoup, Déborah...

Elle le regarda gravement.

– Faites attention, monsieur.

– A quoi?

– A vos paroles.

– Je ne comprends pas?

– Si vous me dites des choses qui sont contre l'honnêteté je serai dans l'obligation de vous cogner dessus et ça m'ennuierait.

Il devait être écrit que l'inspecteur Girelle irait ce matin-là de surprise en surprise. D'ordinaire, quand il entrait dans une maison, une sorte de silence craintif entourait chacun de ses gestes. Ici, non seulement on le traitait en quantité négligeable, mais encore une jolie fille le prévenait que, s'il se risquait à quelque marivaudage, elle lui taperait dessus! Quand on est don Juan, on a son amour-propre et cette belle brune aux yeux bleus s'en croyait un peu trop! Il fallait lui rabattre son caquet. Jusqu'à ce jour, toutes les filles que le policier avait prises dans ses bras ne s'en étaient pas plaintes, au contraire! Pourquoi celle-là, en dépit de ses citations bibliques, serait-elle différente des autres? Après tout, ce n'était qu'une femme de chambre!

— Vous me cogneriez dessus, vraiment?

— Vraiment.

— Chiche?

Il tendit les bras pour l'attraper mais le poing de Déborah, en s'écrasant sur son œil gauche, le stoppa net et il se retrouva assis par terre sans savoir exactement ce qu'il lui était arrivé. Avant qu'il eût complètement rassemblé ses esprits, l'inspecteur principal pénétra dans l'office.

— Eh bien! Girelle, en voilà une tenue! Qu'est-ce que vous faites par terre?

Léon leva vers son supérieur un visage où déjà un œil se fermait sous une boursouflure ne laissant aucun doute quant à son origine. Stupéfait, Plichancourt s'écria:

— On vous a frappé! On a osé porter la main sur un inspecteur de la Sûreté Nationale! Qui?

— Moi.

Joseph se tourna vers la jeune fille qui venait de lui répondre.

— Vous?... Mais... mais... pour quelles raisons?

— Il a voulu m'embrasser.

— Ah!... Et avec quoi l'avez-vous frappé?

— Avec mon poing, pardi!

— Avec... Girelle, vous devriez avoir honte!

Léon, qui s'était remis debout et cachait son œil tuméfié sous son mouchoir, était affreusement embêté.

— Je... je crois qu'il... Enfin, qu'il y a eu un malentendu...

— Il ne me le semble pas, à moi, inspecteur, et vous aurez à vous expliquer devant le commissaire Mosnes sur la manière bien particulière dont vous concevez les interrogatoires.

Le maître d'hôtel revint sur ces entrefaites et, averti de ce qui était arrivé, ne dissimula pas sa satisfaction d'apprendre que ce freluquet de policier avait été mis à la raison. Plichancourt observait Déborah.

— Vous êtes, physiquement, très forte, mademoiselle... et, si j'en juge par la mésaventure de mon adjoint, très... chatouilleuse quant à votre honneur... Je ne vous en blâme pas, certes, mais je ne puis m'empêcher de penser... Quand avez-vous vu Jérôme Manigod pour la dernière fois?

— Hier soir, vers minuit. Il ne pouvait pas dormir et a réclamé de l'aspirine que je suis allée lui porter.

— S'est-il conduit de façon... déshonnête avec vous?

— Pas ce soir-là.

— Parce que, déjà...?

Déborah dut recommencer son histoire et Plichancourt trancha :

— Et moi, je vous dis qu'hier soir il a recommencé! Il vous a attrapée et, pour vous défendre, vous avez ramassé ce qui était à portée de votre main et vous l'en avez frappé. Le malheur a voulu que ce fût un poignard, n'est-ce pas?

Sans se troubler le moins du monde, Déborah répondit tranquillement :

— Vous avez de drôles d'idées, vous... et puis, vous savez, je n'avais pas besoin d'arme pour me défendre de ce vieux bonhomme... Demandez plutôt à Monsieur.

Mis en cause, Girelle baissa la tête et Plichancourt grogna à son intention :

– Vous voyez dans quelle situation vous vous mettez? (Puis il s'adressa au maître d'hôtel :) Vous me paraissez le plus raisonnable de cette maison où il me semble qu'on essaie puérilement – car je finirai forcément par le découvrir – de me cacher la personnalité du meurtrier. Or, le criminel est forcément quelqu'un qui savait qu'il y avait une réception cette nuit, réception qui lui accordait toute liberté de manœuvre, quelqu'un qui n'ignorait pas que Jérôme Manigod gardait dans sa chambre une cassette de diamants; donc, forcément, quelqu'un qui est ici, qui vit ici. N'est-ce pas votre avis?

– Je ne suis pas policier, monsieur.

– Cette jeune fille robuste, emportée, qui avoue elle-même avoir vu les diamants, me paraît la suspecte numéro un. Il y a bien encore l'autre jeune femme, mais elle est ici depuis pas mal de temps et elle aurait eu maintes fois l'occasion de commettre ce vol... La cuisinière est d'un âge, m'a-t-on dit, où ce genre d'exploit n'intéresse plus. Je ne pense pas davantage, monsieur Edouard, et à peu près pour les mêmes raisons – vous voudrez bien m'en excuser –, qu'on puisse vous soupçonner. Dès lors, si ce n'est pas cette demoiselle la coupable, il faut choisir parmi les membres de la famille, et, au départ, c'est une hypothèse assez monstrueuse, n'est-ce pas?

Sans se troubler, Déborah remarqua :

– Vous ne vous rappelez donc pas l'histoire de Suzanne?

Plichancourt et Girelle la regardèrent, sans comprendre, et Edouard eut le cœur serré en réalisant que cette petite sotte, pour se sauver, allait révéler un des secrets honteux de la famille Nantilly. Il en

fut ulcéré. Sans se préoccuper des émotions susci-
tées par son interrogation, Déborah poursuivit :

– Suzanne, une belle femme juive, prenait son
bain, sous les arbres et, se croyant seule, s'était mise
nue. Elle ne se doutait pas que deux vieux dégoûtants l'épiaient et ils profitèrent de ce qu'elle se
sentait honteuse d'être surprise dans cet état, pour
lui adresser des propositions malhonnêtes. Naturellement, elle les envoya promener. Alors, ils se
vengèrent en allant raconter partout des horreurs
sur le compte de la pauvre femme, et elle aurait été
condamnée si le jeune Daniel n'avait, lui aussi,
assisté à la scène et n'était venu apporter son
témoignage. Les deux vieux sales furent mis à mort
à coups de pierres!

Girelle, s'étant rendu compte que la petite repar-
tait dans ses fantasmagories bibliques, n'écoutait
pas. Plichancourt écoutait et se demandait si cette
demoiselle n'était pas en train de se payer la tête
d'un inspecteur principal de la Sûreté Nationale.
Quant au maître d'hôtel, il constatait avec soulagement qu'il ne s'agissait pas de la Suzanne dont il
avait craint qu'il fût question. Plichancourt intervint
sèchement :

– Je ne doute pas, mademoiselle, que vous ne
connaissiez parfaitement l'Ancien Testament, mais
je ne vois pas en quoi ce récit...

Déborah le coupa :

– Avez-vous pensé à ce qui se serait passé si le
jeune Daniel n'avait pas été là? Suzanne aurait été
condamnée par la société et contrainte à une existence misérable... Alors, dans son cœur serait peut-
être né un désir de vengeance contre ceux qui
l'avaient déshonorée... Et les jeunes gens se condui-
sent souvent comme des vieillards, n'est-ce pas,
monsieur Edouard?

Assommé par ce coup de Jarnac, Edouard ne put que hocher la tête affirmativement.

– Et quelle meilleure vengeance que de voler cette cassette de diamants qui promettait à Suzanne une existence assurée. Ne m'en veuillez pas, monsieur Edouard, mais, hier soir, quand je montais ses aspirines à M. Jérôme, j'ai vu Suzanne sortir de sa chambre.

– Elle vous a parlé?

– Oui, elle m'a demandé si c'était moi qui l'avais remplacée et déclara qu'elle n'était pas disposée à se laisser faire, qu'elle ne quitterait pas la maison avant d'avoir obtenu satisfaction.

– Mais qui l'a fait entrer?

– Je ne sais pas. Peut-être avait-elle conservé une clef?

Se mêlant à ce dialogue, l'inspecteur principal s'enquit courtoisement :

– Si ce n'est pas trop indiscret, pourrais-je vous prier de me dire qui est cette Suzanne?

## IV

En quittant la villa vers 11 h 30, Joseph Plichancourt avertit le maître d'hôtel d'avoir à lui préparer une pièce où il interrogerait chacun des membres de la famille Nantilly. Il chargea Edouard de conseiller à ces dames et à ces messieurs de ne point bouger avant qu'il fût revenu pour les libérer, sinon il se verrait dans l'obligation de les convoquer à la Sûreté ce qui, avec la presse, toujours à l'affût, risquait d'assurer à cette pénible affaire une publicité qu'on souhaitait lui épargner. Le maître d'hôtel promit d'accomplir scrupuleusement cette mission de confiance.

Durant la pause de midi, Plichancourt – point mauvais homme, au fond – convia son adjoint à déjeuner et en profita pour lui faire la leçon :

– Vous devriez vous marier, Girelle, cela vous éviterait de vous perdre dans des amours innombrables qui ne vous apporteront que des ennuis...

– Jamais je n'y parviendrai, chef!

– Pourquoi?

– Parce que je les aime toutes... Alors, si j'en choisis une, je regretterai tout de suite les autres.

– Et... vous ne pouvez pas vous corriger?

– Peut-on changer sa nature, chef?

– Si vous avez raison, Girelle, nombre de ceux que nous arrêtons seraient en droit de nous répondre de la sorte. Vous, vous affirmez ne pouvoir résister aux femmes, un autre, ce sera au vol, un autre au crime, etc. Je ne suis pas content de vous du tout, inspecteur.

– Té! j'en suis contrit, chef.

Plichancourt but son verre d'Apremont, le reposa, s'essuya les lèvres et remarqua, sans paraître y attacher autrement d'importance :

– Une jolie fille, cette petite qui nous cite la Bible à tout bout de champ... On devine en elle quelque chose de pur, de transparent... Elle nous change de celles que nous interrogeons d'ordinaire. Ne pensez-vous pas?

– Oh! si... Pour être belle, elle est belle. Et ses yeux! Vous avez vu ses yeux?

– J'ai le sentiment que, vous, vous avez voulu les regarder d'un peu trop près.

– C'est plus fort que moi, chef... J'ai le tempérament de mon père... Je suis né dans un cabanon, près de la calanque de Sormiou. Le soleil, la mer, l'amour ont présidé à ma naissance... Mon père, le pauvre, il ne pouvait pas voir une jupe passer sans courir derrière!

– Qu'en pensait votre mère?

– Rien... Elle se contentait de lui filer le train.

– Elle le rattrapait?

– Pas toujours... mais il finissait par rentrer... Maintenant, ils vieillissent ensemble dans le même cabanon qu'ils ont transformé en une petite maison, et mon père se contente désormais de suivre les filles des yeux.

– Vous devriez en faire de même, inspecteur... Je retourne à la villa et vous, vous allez vous renseigner sur la fortune des Nantilly... Interrogez ceux qui les connaissent et qui voudront bien parler... Allez voir les directeurs de banque au sujet du crédit dont jouit Georges Nantilly sur la place... Voyez les endroits où l'on joue... Renseignez-vous sur l'affaire que dirige Patrick Gugney. Je compte que ce soir vous pourrez me donner une vue d'ensemble ou, pour le moins, une impression solidement établie. Rendez-vous dans mon bureau pour soumettre le résultat de nos investigations au commissaire.

– Entendu, chef.

– Et, pour une fois, essayez de ne pas regarder les filles en chemin.

– Et si c'est elles qui me regardent?

– Détournez les yeux, inspecteur. C'est un ordre!


Le premier soin de Joseph Plichancourt fut de commencer par poser des questions très précises au personnel de la villa quant à cette Suzanne Nanteau sur laquelle les soupçons tendaient à s'accumuler. La mort dans l'âme, le maître d'hôtel dut lui faire le récit des amours inconnues de cette Suzanne que, seule, Déborah avait vue en dehors de lui. Il souligna le changement d'attitude de cette pauvre fille qui, ayant quitté la maison comme un chien battu, y revenait clandestinement et en témoignant d'une arrogance toute nouvelle. Si Déborah et Monique étaient montées, pendant la réception, chez l'oncle Jérôme, ni Edouard ni Agathe, la cuisinière, ne s'y étaient rendus. Ils n'avaient eu aucune raison de le faire, d'ailleurs.

Pendant que l'inspecteur principal officiait parmi les domestiques, au salon, les Nantilly se concertaient. Edouard leur avait transmis les ordres de Plichancourt et, bien qu'ils eussent été unanimes à stigmatiser une autorité insupportable, aucun n'avait osé désobéir.

Henriette Nantilly affirmait que le clan devait se plaindre auprès du préfet de la goujaterie des policiers portés à croire qu'un criminel était susceptible de se trouver parmi ses membres. Son mari répliqua que le préfet avait autre chose à faire qu'à entraver l'action de la justice pour complaire à Mme Nantilly, ce dont celle-ci marqua de l'étonnement. Jean-Jacques et Patrick étaient d'avis qu'ils devaient, les uns et les autres, faciliter au maximum la tâche des enquêteurs, à seule fin d'être débarrassés d'eux au plus vite. Irène abonda dans ce sens. Quant à Mlle Armandine, nul ne songea à lui demander son avis.

Georges résuma la situation :

– Si la mort affreuse de l'oncle Jérôme est pour nous tout à la fois un chagrin et un affront, nous ne devons pas oublier que la cassette de diamants a disparu... J'ignore si l'oncle avait fait un testament. Dans tous les cas, c'est une fortune qu'on nous a volée, et il nous faut aider les policiers au maximum pour que l'assassin soit puni, certes, mais plus encore pour qu'ils retrouvent nos diamants.

Dans l'ensemble, ils partageaient cette opinion, mais Irène Gugney remarqua :

– Il y a une chose que tu sembles perdre de vue, papa.

– Et laquelle ?

– Les policiers paraissent convaincus que l'assassin est dans la maison.

– Une manière comme une autre de s'épargner les fatigues d'une enquête à travers la ville !

– Pourtant, papa, tu admettras que personne de l'extérieur n'a pu se glisser chez nous sans que nous en fussions avertis ?

La mère intervint :

– Tu te trompes, Irène, quelqu'un est entré... quelqu'un qu'Edouard a rencontré dans l'escalier et que Déborah a vu sortir de la chambre de l'oncle Jérôme.

Des exclamations de surprise ponctuèrent la révélation d'Henriette et Irène traduisit le sentiment général :

– Et tu ne nous as rien dit !

– C'est que... il s'agit de Suzanne Nanteau.

Une chape de silence tomba sur la famille. Irène, encore elle, gronda d'une voix sourde :

– Alors, on n'en a pas encore fini avec celle-là ?

Ils se sentaient tous horriblement gênés, car revenait se poser la question qu'on croyait n'avoir plus à se poser : qui était le père de l'enfant que portait Suzanne Nanteau ? Qui était-elle venue retrouver ? Qui donc lui avait ouvert la porte ?

Irène redoutait d'apprendre que le fautif fût son mari, Henriette craignait d'entendre nommer son fils et, parfois, il lui venait à l'esprit que son mari – le sémillant Georges, sur les bonnes fortunes passagères duquel des âmes charitables ne manquaient pas de la renseigner – pouvait être en cause. Elle reprit la parole :

– La police va obligatoirement fourrer son nez dans cette sordide histoire... Il n'est sans doute plus l'heure de se lamenter et d'adresser des reproches anonymes, mais il y a ici un homme qui doit voir, aujourd'hui plus qu'hier, les conséquences de sa faute. Quelle que soit la peine que nous puissions tous éprouver, je lui demande de... de se dénoncer afin que nous puissions, tous ensemble, étudier le moyen de le sortir du pétrin où il s'est mis et où il nous met. A celui-là, au nom de toute la famille, je demande : pourquoi Suzanne est-elle revenue? Qu'exige-t-elle?

Irène geignit :

– Je vous avais bien prévenus que vous commettiez une folie en lui donnant de l'argent, en la faisant entrer dans ce couvent. Par là, vous lui donniez raison...

– Mais... elle avait raison, ma fille.

– Et alors? Si vous préférez le scandale, ça vous regarde! Risquer de nous flanquer par terre pour une Suzanne Nanteau!

– Il n'empêche que quelqu'un d'ici a attaché assez d'intérêt à Suzanne Nanteau pour en faire sa maîtresse! Tu sembles l'oublier, Irène!

– Vous avez de ces mots, maman... l'oublier, mais je ne pense qu'à ça!

En entrant avertir ces dames et ces messieurs que l'inspecteur principal, installé dans le bureau de Monsieur, souhaitait que Monsieur l'y vînt retrouver, le maître d'hôtel mit fin à une situation pénible.

L'entretien de M. Nantilly et de Plichancourt fut bref. L'industriel ne savait rien. Ses rapports avec la victime étaient ceux d'un parent obligeant, soucieux de ne point prêter médisance en laissant vivre de manière un peu fruste le frère de sa femme. Il n'avait, d'autre part, jamais eu recours à la générosité de Jérôme Manigod pour deux raisons : la première était que le défunt manquait totalement de générosité, la seconde tenait à ce que M. Nantilly n'avait besoin de personne, ses affaires marchant fort bien. Enfin, il reconnut que, mis au courant de la pitoyable aventure de Suzanne Nanteau, il avait cru s'arranger le mieux du monde pour étouffer un scandale menaçant. Le policier remercia M. Nantilly et lui permit de regagner ses bureaux.

Plichancourt ne garda guère plus longtemps Mme Nantilly avec laquelle il s'était déjà entretenu. Il se contenta de lui reprocher de ne l'avoir pas mis au courant de l'affaire de Suzanne Nanteau. La maîtresse de maison s'en défendit de façon fort digne :

— Vous devez vous rendre compte, monsieur l'inspecteur, que cette histoire a été pour nous, est encore pour nous, une menace constante...

— C'est-à-dire?

— C'est-à-dire que cette fille risquait et risque encore d'exercer une sorte de chantage... sinon, pour quelles raisons aurait-elle quitté le couvent où elle se trouvait à l'abri?

— Pour combien de temps?

— Pardon?

— Pour combien de temps se sentait-elle à l'abri? Dans cette aventure, elle est quand même la victime, non?

— Je ne pense pas, monsieur l'inspecteur, qu'elle ait été violée!

— Je ne crois pas que ce soit là une explication suffisante... Madame Nantilly, comment se fait-il que vous ne soyez pas arrivée à une certitude en ce qui concerne le père de l'enfant de Suzanne Nanteau?

— Peut-être parce que j'avais peur d'apprendre la vérité.

— Mon Dieu, madame, si votre fils est le coupable... ce serait une aventure tristement banale... S'il s'agit de votre gendre, cela s'affirmerait évidemment plus ennuyeux.

— Jean-Jacques et Patrick ne sont pas les deux seuls hommes dans cette maison.

Le policier s'étonna :

— Penseriez-vous à M. Nantilly?

— Vous m'obligez à vous révéler ce que vous apprendriez facilement par ailleurs. Mon mari ne se résigne pas à vieillir... et c'est pourquoi je n'ai pas mis beaucoup d'acharnement à chercher la vérité...

Mme Nantilly avait fait preuve d'une sorte d'élégance qui impressionna l'inspecteur et qu'il ne retrouva pas chez sa fille, Mme Gugney. Celle-ci partit à fond contre Suzanne Nanteau qu'elle traita de tous les noms. Pour elle, il ne s'agissait que d'une effrontée ayant bien combiné un coup dont elle attendait un joli bénéfice. Plichancourt la laissa aller son train et, brusquement, lui demanda :

— Croyez-vous, madame, que votre époux soit le héros de cette malheureuse histoire?

— Je ne sais pas.

— Et vous ne voulez pas le savoir?

— Je préfère le doute... Vous ne comprenez pas, n'est-ce pas?

— Oh! si, madame, je comprends très bien, mais je ne vous approuve en aucune façon.

La pauvre Irène Gugney, avec son visage quelque peu ingrat, ses angoisses, son esprit borné n'était pas sympathique, tandis que tout en Mlle Armandine suscitait la sympathie. Elle représentait la vieille fille proprette, aimable, discrète, qu'on rencontre dans bien des foyers. Appartenant à une génération où les demoiselles comme-il-faut se seraient crues déshonorées de gagner leur vie, deux guerres l'avaient, en deux étapes, précipitée dans un monde où elle s'affirmait incapable de se défendre. De gré ou de force, il lui fallait vivre de la charité d'autrui et payer en devenant une sorte de domestique supérieure en qui l'on avait confiance pour garder la maison lorsqu'on s'absentait, pour remplir les démarches désagréables, pour servir de garde-malade le cas échéant.

— Mademoiselle, que pensiez-vous de Jérôme Manigod?

— Un homme malheureux, monsieur l'inspecteur. Il avait sacrifié sa vie à cette passion des pierres précieuses qui le dévorait et je suis certaine que, s'il n'avait habité ici, il se serait laissé aller aux plus grands excès afin d'économiser sou à sou pour satisfaire à cette folie des diamants.

— Vous entendiez-vous bien avec lui?

— Je crois que j'étais celle qu'il considérait avec le plus de bienveillance... mais, à la vérité, il ne me prêtait guère attention... comme tous les autres, d'ailleurs...

Il n'y avait point d'amertume dans cette remarque. Une simple constatation résignée.

— Et Suzanne Nanteau?

— Une pauvre enfant, monsieur l'inspecteur.

— Vos cousines, Mme Nantilly et Mme Gugney, cette dernière surtout, la considèrent comme une calculatrice cherchant à monnayer ce qu'on eût nommé autrefois son déshonneur.

— Elles se trompent... Je suis sûre qu'elles se trompent. Je bavarde beaucoup avec les femmes de chambre... (Elle s'excusa:) Vous savez, je n'ai pas grand monde avec qui bavarder... J'intimide moins les domestiques que ma famille, n'est-ce pas? Suzanne était une bonne petite, pas très intelligente, un peu naïve et prête à croire tout ce qu'on lui racontait...

– Vous jugez donc que son suborneur ne mérite pas d'indulgence?

Elle hésita.

– J'ai de la peine à le dire, monsieur l'inspecteur, car il ne saurait s'agir que de garçons que j'aime bien, mais en vérité, quand on a la chance d'avoir une existence facile, on a moins que tout autre le droit de commettre certains actes.

– Et vous ignorez qui est le père de l'enfant de Suzanne?

– Tout à fait. Vous imaginez bien qu'on ne m'a pas prise pour confidente...

– Mais, à votre avis, il ne peut être question que de Jean-Jacques Nantilly ou de Patrick Gugney?

– Evidemment.

– Et M. Nantilly?

Elle parut stupéfaite.

– Georges? Je n'ignore pas qu'il est un coureur invétéré, mais d'ici à s'attaquer aux bonnes et surtout aux jeunes bonnes...

– Estimez-vous que M. Jérôme Manigod aurait pu être assassiné par Suzanne Nanteau?

– Pour quelle raison, grand dieu! aurait-elle commis ce crime?

– Pourquoi, à votre avis, cette fille refuse-t-elle de livrer le nom de son amant?

– Je ne sais pas, et le plus simple serait de le lui demander à elle.

– C'est bien ce que je compte faire. Avez-vous une idée de l'endroit où elle loge?

– Ma foi, non... Je ne l'ai plus revue depuis qu'elle a quitté la villa pour gagner ce couvent où elle aurait dû rester.

– Elle doit se terrer dans un hôtel de dernière catégorie. Mes collègues de la police des garnis ne tarderont pas à me renseigner.

La demoiselle Armandine partie, Plichancourt s'apprêta à affronter des adversaires plus difficiles, avec Jean-Jacques Nantilly et Patrick Gugney. Le fils d'Henriette et de Georges se présenta le premier. Il jouait les désinvoltes, mais le policier crut découvrir dans son regard une lueur d'inquiétude.

– Monsieur Nantilly, bien que je ne voie absolument pas pour l'heure en quoi les deux affaires peuvent être liées, les hasards de l'enquête m'ont amené à me préoccuper de l'aventure de Suzanne Nanteau. Alors, très franchement, êtes-vous ou non le séducteur?

– Très franchement, non.

– Je ne vous cache pas que, demain matin au plus tard, j'interrogerai cette personne, je saurai pourquoi elle est revenue et qui a été son amant.

– Je le souhaite. Il y aura sans aucun doute un beau chahut dans la maison, mais au moins on en aura terminé avec ces suspicions déprimantes.

– Parfait... et, vous, vous n'avez aucune idée quant à celui qui a pris Suzanne Nanteau pour maîtresse passagère?

– Disons que j'ai des soupçons, mais que je préfère n'en pas parler.

– Comme vous voudrez... Venons-en à la mort de votre oncle. Auriez-vous également des soupçons sur ce crime?

– Pas le moindre.

– Il semble hors de doute que le vol soit le mobile de l'assassinat.

– Je le crois aussi.

– Et... vous ne voyez pas qui aurait eu envie des diamants de Jérôme Manigod au point de le tuer?

– Non. Pour exprimer le fond de ma pensée, je ne pense pas qu'un seul d'entre nous ait l'étoffe d'un assassin.

– Si Jérôme Manigod pouvait parler, il serait d'un autre avis.

– A moins que le criminel ne soit venu du dehors?

– Vous parlez sérieusement?

Jean-Jacques hésita un instant, puis :

– Non.

– Qu'est-ce que vous faites dans la vie, monsieur Nantilly?

– Pas grand-chose de bien, je le crains.

– Mais encore.

– Théoriquement, je seconde mon père... Seulement, je connais mes capacités et, le plus souvent, j'estime que ma présence à l'usine serait plus nuisible qu'utile... C'est pourquoi je préfère me distraire autrement.

– Puis-je vous demander comment?

– Admettons, monsieur l'inspecteur, que je suis le fils de famille dans toute son horreur et que je dilapide l'argent gagné à la sueur de son front par mon respectable père. Je suis plus connu dans les milieux du ski nautique que dans ceux des pâtes alimentaires. Enfin, quelques charmantes femmes veulent bien, de temps à autre, meubler ma solitude.

– Elles vous coûtent cher?

Jean-Jacques rit.

– Pas au point d'être dans l'obligation de tuer mon oncle pour les entretenir.

– Je vous remercie.

Patrick, qui succéda à son beau-frère, affectait une nonchalance étudiée.

– Monsieur Gugney... est-ce vous que Suzanne Nanteau est venue relancer?

– Assurément pas.

– Vous n'étiez donc pas l'amant qui avait fui ses responsabilités.

– Je ne l'étais pas.

– Et vous ignorez qui ce peut être?

– Mettons que j'aie des soupçons.

– Dont vous ne me ferez pas part?

– Dont je ne vous ferai pas part.

– Passons... De quoi vivez-vous, monsieur Gugney?

– Je possède une petite affaire qui marche bien, et ma femme m'a apporté une jolie dot. Cela vous scandalise?

Plichancourt haussa les épaules.

– Si j'étais sensible au scandale, monsieur, j'aurais choisi un autre métier. Le bruit court que vous êtes très répandu dans les endroits où l'on s'amuse.

– Vous avez vu ma femme, vous connaissez mes beaux-parents. Je ne vous étonnerai donc pas en vous avouant que, de temps à autre, j'éprouve le besoin de changer de climat.

– C'est une opinion toute personnelle. Vous étiez en bons termes avec Jérôme Manigod?

– On ne s'adorait pas, mais enfin nous vivions en paix, lui et moi. J'ajoute que je suis un des rares à qui il n'a pas montré ses diamants.

– Curieux, non?

– Peut-être ne lui inspirais-je pas confiance?

– Aucune idée sur son assassin?

– Aucune.

– Vous ne m'aidez pas beaucoup.

– Vous m'en voyez navré. Toutefois, je souhaite-rais vous suggérer que vous faites peut-être fausse route en ne soupçonnant que les membres du clan Nantilly.

– Ah?

– Il y a aussi les domestiques qui tous savaient que l'oncle Jérôme gardait une fortune dans sa chambre.

– Rassurez-vous, monsieur Gugney, j'y ai pensé. Mais en vérité, je ne crois pas qu'on puisse soup-çonner le maître d'hôtel ou la cuisinière.

– Sûrement pas.

– Il ne reste donc plus que les deux femmes de chambre. Nous enquêtons sur elles, sur leurs rela-tions... Je ne vous cacherai pas que, pour l'instant, en dépit de la sympathie qu'elle suscite spontané-ment, je pense surtout à Déborah Puisserguier, arrivée trop à point. Calcul ou malchance? J'espère pouvoir en décider bientôt.

Aucun membre du personnel ne connaissait l'en-droit où pouvait s'être réfugiée Suzanne Nanteau, et la famille Nantilly, une dernière fois rassemblée par l'inspecteur – à l'exception du maître de maison –, ne put davantage renseigner le policier. Chacun, tant à l'office qu'au salon, jura qu'il n'avait pas ouvert la porte à l'intruse, ce que Plichancourt prit très mal. Il ne cacha pas sa manière de voir aux uns et aux autres :

– Je devine une sotte conspiration pour m'empê-cher d'atteindre un but où je parviendrai de toute façon, et cela dans l'espoir d'éviter un scandale que vos réticences, voire vos mensonges – ne protestez pas puisque vous savez qu'au moins l'un d'entre vous ment! – ne feront que rendre plus éclatant, car nous n'aurons pas pu prendre nos précautions pour

pour en amortir les conséquences. Je vous prie de méditer sur tout cela. Je reviendrai demain matin. Bonsoir, mesdames et messieurs.

Joseph Plichancourt, hargneux mais honnête, se sentait écœuré par la veulerie de ces grands bourgeois tout juste capables, face au danger, de se cacher la tête sous l'aile. Sans doute, par suite de son éducation puritaine, ses goûts de vieux garçon une fois pour toutes à l'abri du tumulte des passions, l'inspecteur-chef n'était-il pas porté à prendre en pitié une Suzanne Nanteau, mais quand il constatait ce que valaient les autres – cette Irène Gugney, égoïste, féroce, prête à n'importe quoi pour sauvegarder l'hypocrisie de son foyer! – il serait presque devenu le chevalier servant de la petite bonne trop crédule.

Pour se calmer, en sortant de la villa Nantilly, Plichancourt remonta l'avenue d'Albigny sur une centaine de mètres et, parvenu en face du boulevard Saint-Bernard-de-Menthon, tourna à gauche pour suivre le chemin longeant le lac jusqu'au Pont des Amours, qu'il traversa pour aller s'asseoir un instant sur un banc du Jardin Public. Le policier aimait à venir se reposer là lorsque la foule n'y était pas. L'inspecteur-chef ne brillait pas par une intelligence exceptionnelle, mais, plein de bon sens et doué d'une certaine compréhension humaine, sous ses dehors revêches, chaque fois qu'il se trouvait plongé dans un drame où s'affrontaient des hommes, des femmes faits de la même chair que lui, il s'efforçait de comprendre leurs faiblesses, surtout si elles lui étaient complètement étrangères. Ces Nantilly ne vivaient, sans aucun doute, qu'avec un seul objectif : préserver la façade, refusant d'entendre les cris qu'on pouvait pousser à l'intérieur d'une belle demeure apparemment sans le moindre trouble. Maintenant qu'il les avait interrogés les uns et les autres, Plichancourt savait qu'Henriette Nantilly souffrait des infidélités répétées de son mari, que son époux ne supportait pas cette existence étouffée sous les bonnes manières, que son fils, ayant conscience de sa nullité, cherchait de médiocres distractions dont il ne s'avouait pas tellement fier, que sa fille se rongeait de l'indifférence d'un mari qui ne l'avait épousée que pour sa dot, que son gendre – le moins intéressant de tous, estimait le policier –, cynique et amoral, s'affirmait le parasite type. Pour Mlle Armandine, quoi qu'elle prétendît, elle ne devait pas être si satisfaite d'incarner la bonne action dans la famille Nantilly et de vivre de la charité de ses cousins. Peut-être le plus heureux avait-il été ce Jérôme Manigod à qui sa passion pour les diamants tenait lieu de tout... et on l'avait tué pour s'approprier ses diamants. Quant aux domestiques, Edouard et Agathe, ils étaient devenus, au fil des années, des espèces de rejetons poussés sur le tronc Nantilly dont ils partageaient les soucis et les joies. Les deux autres jeunes femmes méritaient d'être surveillées de plus près, l'expérience enseignant à Plichancourt qu'elles se trouvaient à l'âge où l'on subit les pires influences.

Le policier ne nourrissait guère d'illusion sur son propre sort. S'il réussissait à éclaircir le mystère de la mort de Jérôme, on ne lui en saurait aucun gré, au contraire, car il serait injustement tenu pour responsable de l'effondrement d'une vieille famille savoyarde, et on ne lui pardonnerait pas davantage un échec. Mais Plichancourt était trop vieux dans le métier pour en attendre autre chose que la satisfaction du devoir accompli.

En arrivant dans les locaux de la Sûreté, l'inspecteur se mit immédiatement en rapport avec les services compétents pour qu'on tente de trouver le refuge de Suzanne Nanteau, puis il gagna son bureau où Léon Girelle l'attendait.

Le bouillant inspecteur attaqua tout de suite :

– Chef, j'ai eu du mal à faire parler les gens, car les Nantilly impressionnent tant par eux-mêmes que par leurs relations. Naturellement, mes tuyaux ne sont que des indications sommaires. Je n'ai pas eu le temps de pousser mes recherches.

– Allez-y, je vous écoute.

– Bon. En ce qui concerne Mme Nantilly, rien à dire. Une femme pieuse, qui va régulièrement au temple de la rue de la Poste et s'oblige à y aller et à revenir à pied par mortification. Elle est toujours accompagnée de Mlle Manigod sur le compte de laquelle personne ne saurait formuler la moindre critique. On ne s'aperçoit de son existence que lors des offices au temple ; pour le reste du temps, nul ne se soucie de savoir si elle est morte ou vivante. Du défunt Jérôme Manigod, on brode sur son avarice et sa passion pour les diamants. Chacun reconnaît, avec une pointe de satisfaction qu'il n'ose pas avouer, que ce qui lui est arrivé lui pendait au nez depuis longtemps. A part ça, rien, car le bonhomme ne sortait pratiquement pas pour ne pas abandonner son cher trésor et s'éclipsait chaque fois que des étrangers pénétraient dans la villa.

– Pas très passionnant tout cela, Girelle, hein ?

– J'arrive au croustillant, chef ! Figurez-vous que, loin de rouler sur l'or comme il le prétend ou le laisse entendre, Georges Nantilly est à la veille de sauter !

– Non ?

– Si! Les banques lui ont supprimé tout crédit et il a une échéance de vingt millions d'anciens francs dans huit jours. Il paraît qu'il est incapable d'y faire face et ce sera le commencement de la fin.

– Je croyais que les pâtes Manigod étaient solidement cotées en Bourse?

– Elles le sont toujours, mais Nantilly est menacé de perdre la majorité dans la semaine qui vient. Ou il cède ses parts et devient un directeur appointé qu'on renverra certainement très vite par suite de son incapacité, ou il saute.

– Comment en est-il arrivé là?

– La belle vie, les maîtresses coûteuses. En bref, le papa suit un chemin que son fils s'est fait un devoir d'emprunter. Il est couvert de dettes, Jean-Jacques Nantilly. Il doit de l'argent partout. Il a signé des billets dans tous les établissements où l'on s'amuse. Il paraît qu'il a perdu un million d'anciens francs au jeu la semaine dernière, et son heureux vainqueur lui a donné huit jours pour se libérer, car il a eu la maladresse de signer un chèque sans provision.

– De mieux en mieux!

– Quant à Patrick Gugney, il imite son beau-frère, et son bureau d'agence immobilière lui échappera mardi à midi s'il n'a pas payé les deux années de loyer en retard, somme qui va chercher un peu plus de deux millions d'anciens francs toujours.

– En somme, tous les hommes du clan Nantilly sont dans des positions financières critiques?

– Je dirais désespérées, chef.

– Et donc, tous les trois sont capables d'avoir pensé que les diamants de l'oncle Jérôme les tireraient merveilleusement d'affaire. Bien évidemment, cela change tout, et nous allons tarabuster ces messieurs un peu plus sérieusement.

– Et Suzanne Nanteau?

– J'ai donné des ordres pour qu'on la retrouve au plus tôt et qu'on me l'amène. Mais prenons garde, Girelle, de nous laisser aveugler par cette histoire sordide. Nous avons deux problèmes à résoudre qui n'ont rien de commun, sinon, peut-être, le besoin d'argent. L'amant de Suzanne a pu voler l'oncle Jérôme après l'avoir tué, afin d'acheter le silence de son éphémère maîtresse.

Ce fut cette thèse que Joseph Plichancourt soutint en compagnie de l'inspecteur devant le commissaire Mosnes, lequel parut très ennuyé.

– Vous êtes certain, Plichancourt, de ne pas vous aventurer à la légère?

– Certainement pas, monsieur le commissaire.

– Voyez-vous, les Nantilly occupent une place importante et si nous suscitions un scandale gratuit, on nous en tiendrait sévèrement rigueur...

– Comptez sur moi, monsieur le commissaire, pour prendre toutes les précautions.

– Je vous fais confiance, Plichancourt, mais ce que vous m'apprenez de la situation de fortune des Nantilly me déconcerte... Comment se fait-il que je n'aie pas été mis au courant plus tôt?

– Sans doute parce que nos indicateurs ne se seraient pas permis de prêter attention aux heurs et malheurs de gens si respectables.

Mosnes fut sensible à l'ironique amertume de la réponse de l'inspecteur-chef et il en montra de l'humeur.

– En tout cas, monsieur Plichancourt, ne perdez pas votre temps avec cette Suzanne Nanteau... Vous avez d'autres tâches que d'éclaircir le mystère du père de l'enfant que porte cette jeune personne.

Le commissaire Mosnes se trompait quant à l'importance du rôle de Suzanne Nanteau. Si la police des garnis découvrit facilement l'hôtel où elle avait une chambre, elle ne put interroger la jeune femme qui n'était pas rentrée de la nuit.

Le corps de Suzanne Nanteau fut découvert dans le lac par un promeneur matinal, à hauteur de la table d'orientation, c'est-à-dire très près de la demeure des Nantilly. Elle avait été assommée avant d'être jetée à l'eau. Le médecin légiste en donna l'assurance formelle à l'inspecteur-chef Plichancourt qui avait été prévenu.

Interrogé, le patron de l'hôtel où était descendue la jeune femme apprit au policier que la veille, vers 22 heures, on avait appelé sa cliente au téléphone et qu'elle était sortie presque aussitôt, paraissant très excitée.

Pour Plichancourt, il ne faisait pas de doute que c'était le meurtrier qui avait appelé sa future victime pour lui donner le rendez-vous où elle devait trouver la mort. On avait donc tué Suzanne Nanteau pour l'empêcher de parler.

– Mais qu'aurait-elle pu dire?

# V

Mis au courant, le commissaire Mosnes fut obligé de convenir que, contrairement à ce qu'il pensait, l'histoire de Suzanne Nanteau devenait importante. Bon gré, mal gré, il dut donner carte blanche à l'inspecteur pour mener son enquête comme il l'entendait et sans ménager personne.

Si la mort violente de Jérôme Manigod n'avait pas autrement touché Joseph Plichancourt, habitué à voir toutes les victimes des faits divers, celle de Suzanne l'indignait. Peut-être à cause de la jeunesse de l'infortunée et aussi de l'enfant qu'elle portait... Quant à Léon Girelle, il était outré et rêvait de vengeances terribles, prenant à son compte les intérêts de la société.

En gagnant l'avenue d'Albigny, l'inspecteur-chef pensait à la femme de chambre qui parlait par l'intermédiaire des textes sacrés et qui sans le savoir – mais ne savait-elle vraiment rien? – avait pour ainsi dire prévu la fin de Suzanne Nanteau qu'aucun Daniel n'avait pu secourir.

Le maître d'hôtel ne cacha pas sa surprise, choqué de voir apparaître les policiers à une heure aussi matinale.

– Mais, messieurs, ces dames et ces messieurs ne sont pas encore descendus!

– Faites-les descendre.

– Quoi?

– Vous m'avez entendu, oui? Allez chercher tout le monde et rassemblez-les au salon.

– Tout le monde?

– Y compris les domestiques.

Edouard eut un gémissement horrifié.

– Les domestiques au salon!

– Et en vitesse! J'ajoute que personne n'est autorisé à quitter la villa sans mon autorisation. Compris?

Perdu dans un vertige où s'effondrait tout ce qu'il avait appris, tout ce qu'il tenait pour vérités essentielles, le maître d'hôtel hésitait. Plichancourt, impitoyable, déclara :

– Si vous ne partez pas immédiatement, c'est moi qui vais aller sortir ces gens de leur chambre!

Edouard eut un râle d'épouvante à cette perspective et fonça dans l'escalier. Pendant ce temps, Girelle entrait à l'office où Agathe et les deux femmes de chambre achevaient de prendre leur petit déjeuner.

– Et alors, mignonnes, on ne s'ennuie pas, hé?

La cuisinière toisa l'inspecteur et haussa les épaules, dédaignant de lui répondre. Girelle s'avança jusqu'à la table où il posa les mains avant de s'adresser aux femmes de chambre :

– Mes petites chattes, M. l'inspecteur-chef Plichancourt vous attend au salon. Je vous préviens qu'il n'est pas d'humeur particulièrement souriante... Alors, mieux vaudrait ne pas abuser de sa patience.

Elles se levèrent pour se diriger vers la porte. En passant devant Léon, Déborah demanda :

– Je... Je vous demande pardon pour... pour votre œil... J'ai tapé trop fort...

– Je le méritais et je vous aime encore plus qu'avant!

– Oh!

– Ne vous énervez pas, Déborah! Que vous le vouliez ou non, vous êtes la femme de ma vie, je l'ai compris cette nuit quand je me suis aperçu que je ne parvenais pas à vous en vouloir malgré le coquard dont, grâce à vous, ma beauté naturelle se trouve quelque peu diminuée...

Déborah ne put s'empêcher de rire et courut rejoindre Monique. Comme Agathe ne bougeait pas, l'inspecteur lui dit :

– L'ordre vaut aussi pour vous, ô princesse des fourneaux!

– Moi? J'ai rien à faire au salon! Et puis j'ai le petit déjeuner des patrons à préparer.

– J'ai idée qu'ils ne déjeuneront pas ce matin, vos patrons, ô reine de la poêle à frire!

– Et pourquoi ne déjeuneraient-ils pas, s'il vous plaît?

– Parce que mon patron à moi risque bien de leur couper l'appétit.

Au salon, si le groupe des domestiques, massé dans un coin, ne pipait mot, on jacassait furieusement dans le clan Nantilly-Gugney. Seule, du côté des maîtres, Mlle Armandine semblait prendre les choses avec philosophie.

Lorsque Plichancourt entra dans la pièce et qu'il les vit en robe de chambre, le cheveu dérangé, l'œil lourd et la bouche maussade, il éprouva une sorte de satisfaction vengeresse. Georges Nantilly voulut le prendre de haut, mais tout de suite le policier lui coupa la parole.

– Je vous serais obligé de vous taire, monsieur, et de ne parler que pour répondre à mes questions. Si vous êtes mécontents d'avoir été réveillés plus tôt que de coutume, persuadez-vous que ni l'inspecteur Girelle, ni moi-même, ne sommes ici pour notre plaisir.

Patrick Gugney ricana :

– On vous paie pour ça, non?

– Justement, monsieur, et c'est pourquoi vous seriez mal venu de nous reprocher d'exercer notre métier.

A son tour Henriette intervint :

– Enfin, monsieur, nous direz-vous la raison de votre présence?

– Asseyez-vous tous... Les domestiques aussi.

Après un coup d'œil éploré à Mme Nantilly, le maître d'hôtel prit place sur le canapé. Les trois femmes se rangèrent près de lui.

– Je vais répondre à votre question, madame

Nantilly. Je suis ici parce que vous m'avez tous menti.

Il y eut un oh! unanime et scandalisé. Plichancourt poursuivit d'une voix plus forte :

— Et parce que vous m'avez menti, vous êtes tous complices de celui d'entre vous qui, cette nuit, a tué Suzanne Nanteau.

Personne ne manifesta du côté des maîtres. Par contre, on s'exclama dans le clan du personnel. Scrutant les visages, l'inspecteur-chef lut une stupeur effrayée chez les femmes et une indifférence totale chez les hommes. Seule, Mlle Armandine se mit à pleurer discrètement.

— Vous m'avez tous menti parce que, contrairement à ce que vous m'avez assuré, monsieur Nantilly, vous êtes au bord de la faillite ou du moins en danger de perdre les usines Manigod; parce que vous, monsieur Nantilly junior, vous êtes perdu de dettes, tout comme vous, monsieur Gugney. Suzanne Nanteau n'avait rien à voir avec l'assassinat de Jérôme Manigod. Je me suis trompé. J'ignore encore les liens unissant ces deux crimes, mais je sais qu'ils existent et je les découvrirai, je vous en donne ma parole. Maître d'hôtel?

Edouard se leva.

— Monsieur?

— A quelle heure avez-vous rencontré Suzanne Nanteau dans l'escalier dans la soirée du crime?

— A 17 heures, monsieur l'inspecteur.

— Et vous êtes sûr qu'elle est sortie?

— Je l'ai vue quitter la maison.

— Bien! Mademoiselle Déborah, à quelle heure avez-vous rencontré Suzanne Nanteau?

— Vers 15 h 30, monsieur.

— Et d'où venait-elle?

– Il m'a semblé qu'elle sortait de la chambre de M. Manigod.

– Parfait. La question qui se pose dès lors est de savoir où elle est passée de 15 h 30 à 17 heures? Autrement dit, chez qui s'est-elle réfugiée ou, si vous préférez, à qui a-t-elle rendu visite?

Personne ne répondit.

– Comme vous voudrez. Nous finirons par le savoir. Mademoiselle Monique, quand êtes-vous allée dans la chambre de M. Manigod?

– Vers 20 heures, monsieur.

– Et vous n'avez vu personne?

Monique hésita puis, se décidant brusquement:

– Monsieur sortait de la chambre.

Plichancourt se tourna vers Georges Nantilly.

– C'est vrai. Je m'étais rendu chez l'oncle pour le prier de m'aider à faire cette échéance.

– Et il a refusé?

– Et il a refusé.

– Mademoiselle Déborah?

– Je suis montée chez M. Manigod vers 22 heures avant de passer les rafraîchissements au salon. En descendant, j'ai croisé M. Jean-Jacques qui montait.

L'héritier des Nantilly ne parut pas frappé par cette dénonciation.

– Et après? Puisque vous êtes au courant de mes ennuis, cher inspecteur, vous ne jugerez pas étonnant que le neveu en détresse ait essayé d'attendrir son tonton bien-aimé pour qu'il vienne à son secours?

– Et il a refusé?

– Et il a refusé.

– Ce qui est ennuyeux, c'est que vous semblez bien être le dernier à avoir vu votre oncle vivant.

Irène protesta:

— Non, inspecteur, et puisque vous nous obligez, au nom de la loi, à prendre les domestiques pour confidents de nos ennuis, sachez que moi aussi je suis allée voir l'oncle Jérôme après que Jean-Jacques fut revenu, et pour des raisons identiques.

— Ce fut une vraie procession, si je comprends bien?

— Quand la nécessité est plus que pressante, on ne fait guère attention à la manière dont il conviendrait de se comporter, mais rassurez-vous, je n'ai pas tué mon oncle.

— Pourtant, c'est quelqu'un d'entre vous qui s'est mué subitement en assassin, quelqu'un que l'égoïsme de l'oncle ou du beau-frère a rendu fou furieux. Je n'oublie pas que les diamants étaient là, les diamants qui pouvaient tous vous sauver.

Jean-Jacques déclara :

— Nous sommes mal partis, sœurette!

Mme Nantilly s'exclama :

— Comment as-tu le cœur à plaisanter?

— Que veux-tu que je fasse? L'inspecteur est persuadé que la famille Nantilly est une réplique de celle des Atrides...

— Lorsque je serai arrivé à une certitude, monsieur Nantilly, soyez persuadé que vous en serez le premier informé. En attendant, aucun de vous ne doit quitter Annecy sans mon autorisation.

Mlle Armandine poussa un petit cri et Plichancourt s'informa de ce qui suscitait son émoi.

— C'est que, chaque année vers cette époque, je m'en vais à Lyon faire une petite retraite sous la protection de Notre-Dame de Fourvière, et j'ai le sentiment que, cette année, j'aurai beaucoup de grâces à implorer.

— Je le pense aussi, mademoiselle. Allez prier

Notre-Dame de Fourvière... et demandez-lui de convaincre le coupable de se dénoncer. Cela vaudrait tellement mieux pour tout le monde!

Après qu'il leur eut donné la permission de se retirer, Plichancourt appela Déborah.

— Mademoiselle... Je regrette de ne pas avoir entendu le conseil que, sans vous en rendre compte, vous m'avez donné... à propos de Suzanne... Je suis convaincu qu'elle a voulu se venger, mais que celui qu'elle entendait faire chanter a devancé son projet...

— Personne, sauf le Seigneur, ne sait ce qui se passe dans le cœur du pécheur... et quand il s'agit de pécher, le vieillard le plus faible a autant de force qu'un jeune homme.

Déborah partie, Plichancourt prit Girelle pour confident :

— Elle me fait marcher ou quoi? Qu'est-ce que cette histoire de vieillard signifie?

— Que l'oncle Jérôme était peut-être le suborneur de Suzanne?

— Vous êtes fou? Et, d'abord, comment le saurait-elle?

— Je ne crois pas qu'elle le sache, sans cela elle vous le dirait, mais tout simplement elle se rappelle que le défunt a tenté de la séduire, avec ses diamants... Après tout, ce qu'elle a refusé, Suzanne l'a peut-être accepté?

— Incroyable! Un homme de cet âge...

— Il faisait très vieux, mais c'est sa passion qui l'avait desséché. Il atteignait tout juste la soixantaine.

— Ça, alors... Ecoutez, Girelle, filez tout de suite dans ce couvent qui a recueilli Suzanne Nanteau, trouvez quelqu'un à qui elle aura peut-être révélé son secret... et revenez vite, je vous attends avec la plus vive impatience. Vous pouvez être de retour dans la matinée de demain.

— Je file, chef.

En sortant, Léon rencontra Déborah dans le jardin.

— Mademoiselle, puis-je vous dire un mot?

— Mais bien sûr.

— Est-ce que... est-ce que je vous suis réellement antipathique?

— Non, sûrement pas.

— Vous... vous ne voudriez pas qu'on essaie de se connaître un peu mieux?

— Qu'est-ce que ça signifie votre question?

— Eh bien! Voilà... Vous... vous m'avez fait très grosse impression... et c'est ce qui explique le geste stupide dont je me suis rendu coupable et que je vous prie encore de me pardonner.

— N'en parlons plus...

— Merci... Alors, si vous acceptiez... nous pourrions... dimanche prochain, par exemple... aller faire un tour ensemble au bord du lac?

— J'ignore si vous avez le cœur pur.

Jamais encore, les filles auxquelles il s'était attaqué n'avaient paru intéressées par la pureté des sentiments du gentil Léon.

— Avec vous, comment n'aurait-on pas le cœur pur?

Elle le fixait de ses beaux yeux bleus comme si elle avait le pouvoir de lire en lui. Il en était gêné.

— Si j'étais sûre que vous soyez sincère...

Des tas d'autres lui avaient dit la même chose et il en avait ri. Celle-là, ce n'était pas pareil... Avec elle, il se sentait vraiment sincère... tout neuf... Timide comme un débutant dans la carrière amoureuse.

Avec un petit tremblement dans la voix, il répondit :

– Je suis sincère.

Ce fut à cause de ce tremblement qu'elle le crut.

– Où désirez-vous que nous nous retrouvions?

– Au Jardin Public à 2 heures?

– Entendu... J'espère que je ne le regretterai pas...

– Je vous le jure!

Elle fronça le sourcil.

– Jurer pour des choses aussi peu importantes, c'est moquer l'Eternel!

Girelle entendit le vent du désastre siffler à ses oreilles. Mais il faisait si piteuse figure qu'elle ne put s'empêcher de rire et il sut qu'il était sauvé.

– Il ne faut pas m'en vouloir si je ne suis pas aussi calé que vous dans vos trucs... enfin, je veux dire que je ne demande qu'à apprendre.

– C'est vrai?

– Je vous le... (Il se reprit à temps :) Je vous assure.

– Alors, je vous apprendrai.


Les routes n'étaient pas encore encombrées à l'heure où Léon Girelle quitta Annecy en direction des Vosges. Il pouvait rouler assez vite mais avait du mal à fixer son attention sur la route et ses dangers. L'esprit plein de Déborah, de la douceur sévère de son joli visage et surtout de l'étrange lumière de ses yeux bleus, il ne parvenait pas à s'arracher au souvenir envoûtant de cette fille vêtue de noir qui semblait ne guère savoir sourire. Léon ne comprenait absolument rien à ce qu'il lui arrivait. Déborah n'était pas du tout son type. Lui, il préférait les petites blondes boulottes aux joues creusées de fossettes et, si possible, le nez légèrement retroussé, des filles rigolotes, quoi! et qui ne se mettaient pas la cervelle à l'envers pour décider si elles s'autorisaient ou non à passer un bon moment en compagnie d'un beau garçon. Et voilà qu'il s'éprenait d'une grande brune qui ne savait ouvrir la bouche sans citer la Bible. Tout à fait le genre à crier au viol si, par inadvertance, on « envoyait » un peu la main comme à Marseille. Une enquiquineuse sans aucun doute, et pourtant... Léon n'osait pas encore se dire qu'il aimait Déborah parce qu'il se croyait incapable de s'attacher sérieusement à quelqu'un. Il n'appartenait pas à la catégorie des bateaux qu'on laisse indéfiniment à l'ancre, ni à celle d'ailleurs de ceux qui affrontent la haute mer. Il relevait plutôt du genre d'embarcation destinée au cabotage le long des côtes, parmi les touristes élégantes et les charmantes baigneuses. Et puis, il ne la connaissait pas, cette Déborah aux yeux si clairs! Après tout, jusqu'ici rien ne prouvait qu'elle ne fût pas dans le coup! Elle semblait en savoir beaucoup, beaucoup trop sur la mort de l'oncle Jérôme et sur Suzanne Nanteau. Comment donc était-elle au courant? Elle n'allait pas faire le truc de l'inspirée, des fois? Il ne faudrait tout de même pas qu'elle prît les autres – et notamment Léon Girelle – pour des imbéciles!

Mais Léon n'était nullement dupe de cette colère artificielle qu'il s'efforçait de cultiver. Il aimait Déborah, autant le reconnaître tout de suite, aussi stupide que cela puisse paraître. Que lui arrivait-il? Pourquoi cet étonnant changement? Lui, que nulle n'avait jamais pu fixer, tombait au premier instant devant une fille qu'il n'intéressait sûrement pas. Léon se dégoûtait et, pour tenter de se guérir, essayait d'imaginer sous les couleurs les plus sombres ce que serait – le cas échéant – l'existence aux côtés de Déborah Puisserguier.

Pendant que Girelle roulait vers les Vosges, l'inspecteur-chef étudiait les rapports qu'on venait de lui apporter et qui concernaient Monique Luzinay et Déborah Puisserguier.

A travers les renseignements recueillis, il apparaissait que Monique avait eu des aventures romanesques n'ayant rien d'original, mais dans toutes les places qu'elle avait occupées avant d'entrer chez les Nantilly, on s'était félicité de ses services. Nul parmi ses anciens patrons ne mettait en doute son honnêteté foncière. Elle était depuis six ans au service des Nantilly où on l'appréciait beaucoup. La trentaine approchant, Monique semblait devoir se fixer et fréquentait depuis plus d'un an un garçon d'excellente réputation qui allait s'établir relieur. En bref, Monique Luzinay devait être une brave fille s'apprêtant à faire une fin classique.

Quant à Déborah Puisserguier, pas la moindre fausse note sur son compte. Ceux qui avaient été interrogés ne tarissaient pas d'éloges. C'était la première fois qu'elle entrait en condition, c'était la première fois aussi qu'elle quittait son hameau cévenol.

Plichancourt dut se rendre à l'évidence : le meurtrier de Jérôme Manigod et de Suzanne Nanteau – car il était convaincu qu'il s'agissait de la même personne – ne se trouvait pas parmi le personnel de la villa Nantilly. Il en éprouvait une certaine satisfaction.

Le cas de Monique et de Déborah réglé, Joseph Plichancourt obtint du juge d'instruction toutes facilités pour faire surveiller la situation financière des Nantilly. Le père et le fils, aux abois, trouveraient-ils le moyen de régler leurs échéances et, si oui, comment? Un problème identique se posait pour cet élégant bon à rien de Patrick Gugney.

L'inspecteur Girelle arriva au Thillot en fin d'après-midi. Il avait bien marché et en tirait la satisfaction habituelle des automobilistes férus de « moyenne ». Il s'offrit un bon dîner, se coucha en rêvant à Déborah et dut s'avouer, piteusement, qu'il était bien coincé. Ainsi qu'il l'avait lu dans les romans populaires, l'amour, si longtemps bafoué par ses soins, prenait sa revanche.

Léon se leva de bonne heure et se présenta très tôt au couvent, dissimulé dans la forêt de sapins sur la route de Gérardmer. L'apparition du policier suscita un certain émoi et il dut montrer tous ses papiers pour obtenir la permission de pénétrer dans les bâtiments sous l'œil vigilant de la sœur tourière. Le policier fut introduit dans une sorte de parloir où la Supérieure ne tarda pas à le rejoindre.

– Ma mère, je viens au sujet d'une de vos pensionnaires, Suzanne Nanteau. On vous a dit, je pense, que j'appartenais à la Sûreté Nationale.

– En effet, monsieur... Suzanne Nanteau se serait-elle mal conduite?

– Peut-être bien... Vraisemblablement une histoire de chantage...

– Seigneur!

– ... Mais la pauvre a déjà été punie sur cette terre.

– Vous voulez dire que...

– Elle a été assassinée.

La Supérieure se signa et, fermant les yeux, murmura une courte prière. Girelle respecta son silence.

– J'ai prié, monsieur, pour que le Seigneur se montre miséricordieux envers Sa pauvre créature. Que puis-je pour vous?

– Nous essayons de savoir pourquoi Suzanne Nanteau vous a quittée avant son accouchement et pour quelles raisons elle est revenue à Annecy.

– Je crains de ne pouvoir vous être d'un grand secours. Suzanne était une fille extrêmement timide et plutôt réservée, se livrant peu.

– Si nous réussissions à connaître le nom du père de son enfant, nous ferions un grand pas en avant. N'avait-elle pas une compagne avec qui elle bavardait plus volontiers?

– Ma foi... Attendez, je vais appeler sœur Marie-Josèphe qui vit en contact plus étroit avec nos pensionnaires, car elle joue un peu le rôle d'infirmière et nos futures mamans sont sujettes à bien des petits malaises.

Sœur Marie-Josèphe était une sœur rieuse. Elle plut tout de suite à Girelle. Mise au courant de la mort brutale de Suzanne, sœur Marie-Josèphe fondit en larmes.

– Je lui avais pourtant dit de ne pas nous quitter, que nous nous occuperions d'elle et de son bébé, mais quelqu'un a dû lui monter la tête! C'est toujours la même chose, elles écoutent sans cesse les mauvais conseils.

La Supérieure intervint doucement :

– Calmez-vous, ma fille...

Honteuse de s'être ainsi laissée aller, la sœur s'excusa :

– Pardonnez-moi, ma mère...

– Monsieur est de la police. Il est venu enquêter sur cette malheureuse Suzanne. Parmi ses camarades, y en avait-il une qui vous a paru plus particulièrement liée avec elle?

– Aline Sédécias.

Girelle éprouva un net soulagement. Il demanda :

– Puis-je la voir ?

– Elle nous a quittées.

– Ah ?

– Elle est partie hier. Elle avait accouché il y a quatre jours. Elle est retournée chez ses parents qui ont accepté de la recevoir.

– Vous connaissez son adresse ?

– Je vais vous la chercher.

Sœur Marie-Josèphe ne s'absenta que quelques minutes et revint en annonçant :

– 221, rue de l'Est, à Mulhouse.

Girelle prit congé des saintes femmes et la Supérieure, en le quittant, lui annonça que toute la communauté allait prier pour le repos de l'âme de Suzanne Nanteau.

Persuadé qu'il allait enfin connaître la vérité, Léon fonça sur la route de Mulhouse où il perdit du temps pour trouver la rue de l'Est. En s'arrêtant devant le 221, il supplia le dieu des policiers pour qu'Aline Sédécias fût chez elle. Elle n'y était pas. La mère de la jeune femme le reçut avec méfiance et Girelle dut expliquer longuement le but de sa visite. Lorsque la maman se rendit compte que cette visite ne pouvait porter le moindre préjudice à son enfant, elle convint :

– Aline s'est rendue chez le pharmacien. Elle ne va pas tarder à revenir.

Aline se présenta bientôt. Une brunette, pas bien jolie, mais au visage ouvert. Après l'avoir saluée, le policier lui confia :

– Madame, j'arrive du couvent où vous avez passé un certain temps. C'est là que j'ai eu votre adresse.

Aline s'indigna :

– Elles vous ont donné mon...

Girelle l'interrompit :

– Je suis policier, madame, et on ne saurait rien refuser à un policier.

– Policier...

– Rassurez-vous : ce n'est pas sur vous que j'enquête, mais sur Suzanne Nanteau.

– Suzanne ? Qu'a-t-elle fait ?

– On l'a tuée.

– Quoi ?

– Elle a été assassinée.

Aline, après un instant de stupeur, ne chercha pas à retenir les larmes coulant sur ses joues, la faisant ressembler à un bébé boudeur. Elle balbutia :

– Mais... pour... pourquoi ?

– C'est justement ce que nous cherchons et nous comptons beaucoup sur vous pour nous l'apprendre. Au couvent, Suzanne était votre amie.

– Oui.

– Il y a une chose qui nous surprend : partout, ceux qui l'ont connue nous ont dépeint Suzanne comme une fille timide, facilement effrayée et, subitement, elle change. Elle répond avec insolence au maître d'hôtel qui l'avait eue sous ses ordres et qui la rencontre. Nous aimerions comprendre à quoi a tenu ce changement.

Aline réfléchit une minute avant de déclarer :

– Je ne pourrais pas vous l'expliquer exactement. Suzanne était bien telle qu'on vous l'a décrite. Je devais toujours être là pour la protéger, sinon on lui aurait flanqué toutes les corvées, on l'aurait rendue responsable de toutes les sottises que nous commettions. Et puis, il y a une dizaine de jours, elle a été appelée au téléphone. Elle ne voulait pas y aller tant elle avait peur. Je l'y ai décidée. Quand elle est revenue, je ne l'ai pas reconnue! Ce n'était plus la même fille! Elle paraissait complètement transformée.

– Comment cela?

– Elle parlait d'une voix ferme, assurée...

– Elle ne vous a pas dit les causes de cette transformation?

– Non. Elle s'est contentée de me confier : « Ce que j'ai pu être bête jusqu'ici! S'ils croient se débarrasser de moi et de mon gosse avec les quelques milliers de francs anciens qu'ils m'ont remis, ils se trompent! Tu vois, Aline, je croyais ne pas avoir d'amis à Annecy, et j'en avais! On vient de me donner d'excellents conseils et qui vont me rapporter gros... Je pars, Aline. – Où vas-tu? – Je retourne à Annecy. – Tu n'attends pas d'avoir eu ton bébé? – J'accoucherai dans la meilleure clinique de la ville, ne t'en fais pas pour moi. » Suzanne a filé sans m'en apprendre davantage.

– Vous n'avez aucune idée sur l'identité de son correspondant?

– Aucune.

– Et sur l'identité du père de l'enfant que portait Suzanne?

– Elle ne m'a jamais confié son nom.


L'inspecteur Girelle ne fut de retour à Annecy que dans l'après-midi du samedi. Estimant avoir bien rempli sa mission, il s'en était allé déjeuner à Colmar, histoire de se récompenser lui-même. Plichancourt ne le félicita pas de son retard.

– Vous ne me ferez pas croire qu'il vous a fallu une demi-journée pour interviewer ces nonnes?

– J'ai dû me rendre à Mulhouse, chef, pour y rencontrer la meilleure amie de Suzanne Nanteau. Malheureusement, elle était absente à cause d'une consultation médicale et je l'ai attendue jusqu'à midi. Le temps d'avaler rapidement un morceau et j'ai pris la direction d'Annecy. Le samedi après-midi, les routes sont plutôt encombrées.

Entremêlant le vrai et le faux, Girelle réussit à duper son supérieur qui, au fond, se souciait plus du résultat de l'enquête menée par Léon que de son arrivée tardive.

– Admettons. Je vous écoute.

L'inspecteur fit un récit détaillé de sa visite au couvent, puis de son voyage à Mulhouse. Il exposa ce que lui avait appris Aline sur l'étonnant changement de Suzanne à la suite d'un mystérieux coup de téléphone.

– D'après ce que semble avoir deviné cette Aline, le correspondant de Suzanne lui aurait conseillé de revenir à Annecy pour faire plus ou moins chanter le père de son enfant ou la famille Nantilly?

– C'est ce qu'elle croit et je partage sa conviction.

– Cela suppose que cette fille réputée timide, peu causante, aurait mis un étranger au courant de sa pitoyable aventure? Difficile à admettre, non?

– Si. C'est pourquoi, chef, je pense que ce correspondant habite la villa.

– Dans ce cas, il nous faudrait revenir aux domestiques que j'ai, peut-être, un peu trop vite écartés. Monique va se marier avec un garçon qui a besoin d'argent pour ouvrir une boutique de relieur. A-t-elle trouvé là le moyen de se procurer les subsides nécessaires à hâter la célébration de ses noces? Le maître d'hôtel, sur le moment de prendre sa retraite, a-t-il jugé qu'il pouvait, sans mal, arrondir son magot? Il faudrait enquêter sur le compte de la cuisinière et voir si elle ne possède pas quelque parent abusif et prodigue qui aurait recours à sa bourse.

111

Reste enfin cette Déborah – à qui Suzanne semble avoir fait de courtes confidences – et qui aurait pu découvrir un filon facile à exploiter.

– Non!

– Pardon?

– Non, je suis certain que Déborah est incapable d'une pareille vilenie!

Girelle avait lancé cette affirmation sur un tel ton que Plichancourt le regarda curieusement.

– Qu'est-ce qui vous arrive, inspecteur?

Léon rougit et, beaucoup plus sereinement, expliqua :

– Je voulais vous dire ma conviction que Déborah est en dehors du coup, chef.

– Qu'en savez-vous?

– Eh bien! mais tout en elle crie l'innocence, la pureté, la droiture...

L'inspecteur siffla doucement pour témoigner de sa surprise amusée.

– J'ai le sentiment que cette jeune personne, en dépit de votre œil poché, vous a fait une très forte impression, n'est-ce pas? Seulement, voyez-vous, Girelle, au cours de ma carrière, j'ai eu l'occasion de rencontrer tant de criminelles au visage angélique que je ne me fie plus à l'aspect extérieur des gens. Que vous le vouliez ou non, votre Déborah est suspecte au même titre que les autres. Suzanne a-t-elle confié à son amie le nom de son séducteur?

– Non.

– Dommage...

– Mais elle lui a dit le prénom qu'elle comptait donner à son enfant si c'était un garçon.

– Ah?

– Jérôme.

– Quoi!

– Elle a ajouté qu'elle voulait que son petit porte
ce prénom parce que son père était trop vieux pour
qu'il pût espérer le connaître quand il serait
parvenu à l'âge d'homme.

Abasourdi, Plichancourt répétait :

– L'oncle Jérôme... Ainsi, il s'agissait de l'oncle
Jérôme...

– Personne ne s'en serait douté, hein ?

– Si, Girelle, quelqu'un s'en est douté ou le
savait.

– Qui ?

– Qui ? Mais votre Déborah, parbleu ! C'est elle,
une fois encore, qui nous a mis sur la piste ! Vous ne
trouvez pas ça curieux ?


Les Nantilly et les Gugney finissaient de dîner.
Henriette annonça :

– Armandine a téléphoné pour me dire qu'elle
avait fait un bon voyage et qu'elle avait retrouvé
avec plaisir sa chambre habituelle. Elle espère
qu'en dépit de tout nous passerons un bon dimanche et elle va prier pour la famille.

Jean-Jacques grogna :

– Ça nous fera une belle jambe !

– Ne sois pas impie, Jean-Jacques ; ce n'est vraiment pas le moment ! Armandine prie à sa manière,
qui n'est pas la nôtre, mais Dieu est le même pour
tous et Il demeure notre ultime espérance. J'en-
tends que demain vous m'accompagniez tous au
temple. Nous irons à pied en passant par les rues
les plus fréquentées pour bien montrer à tout
Annecy que la famille sait faire front quand il le
faut.

Bien que la perspective de cette promenade ne
l'enchantât point, Georges admira sa femme qui,
dans les moments difficiles, retrouvait cet orgueil

hérité d'une vieille tradition bourgeoise et huguenote.

Le maître d'hôtel entra pour annoncer que ces
messieurs de la police attendaient la famille au
salon.

On s'y rendit en maugréant.

Après de brèves salutations, Joseph Plichancourt
déclara :

– Je suis venu vous dire que nous connaissons
l'identité de l'amant de Suzanne Nanteau.

Henriette Nantilly sentit une main de glace lui
broyer le cœur, tandis qu'Irène se cramponnait de
toutes ses forces au bras de son fauteuil dans
l'attente du coup qui allait l'atteindre. Les deux
beaux-frères se regardèrent. Georges, indifférent
comme à l'accoutumée, alluma un cigare.

– Il s'agit de Jérôme Manigod.

C'était tellement incroyable, tellement loin de ce
qu'on redoutait que la réaction n'eut pas lieu tout
de suite. Puis Jean-Jacques et Patrick éclatèrent de
rire, bientôt imités par Irène tandis que Georges en
lâchait son cigare sur son gilet. Soulagée du poids
qui l'écrasait, Henriette recommençait à vivre. Son
fils s'exclama :

– L'oncle Jérôme! Qui aurait cru ça?

Patrick enchérit :

– Avec son air d'être toujours à l'agonie!

Irène fit chorus :

– Une fille de quarante ans de moins que lui!

Plichancourt remarqua :

– Je vous rappelle que Jérôme Manigod a été
assassiné.

Ils se calmèrent, mais Henriette répliqua vivement :

– Mais maintenant, vous savez tout, inspecteur!

Suzanne a tué celui qui l'avait séduite et qui vraisemblablement, a renié les engagements pris!

– Vous me paraissez oublier la disparition des diamants, madame?

– Cette fille les aura emportés, son crime accompli!

– Où seraient-ils? D'une part, nous avons fouillé sa chambre, sans rien trouver et, d'autre part, Suzanne Nanteau était une trop insignifiante personne pour connaître les gros trafiquants de pierres volées.

Henriette haussa les épaules et rétorqua, hargneuse :

– Vous compliquez tout!

– Pas moi : le criminel, madame. Parce qu'enfin, si nous admettons que Suzanne a tué l'oncle Jérôme, qui donc a tué Suzanne?


VI


A 10 heures du matin, en ce beau dimanche ensoleillé, Henriette Nantilly rassembla tout son monde et, prenant la tête de la troupe, sortit de la villa pour affronter Annecy.

Georges donnait le bras à sa femme, Patrick et Jean-Jacques encadraient Irène.

Lentement, en gens que rien ne presse, la petite troupe remonta l'avenue d'Albigny jusqu'à la place de la Libération, emprunta la rue du Pâquier, répondant avec ensemble aux saluts qui lui étaient adressés, suivit la rue Royale jusqu'à la rue de la Poste dans laquelle on tourna pour gagner le temple. On prit tout le temps de se montrer, d'adresser des compliments aux uns et aux autres et de recevoir des hommages mérités par près d'un siècle de suprématie. Devant cette exhibition mondaine, ceux qui avaient recueilli et s'étaient faits les colporteurs des bruits fâcheux sur le crédit de la famille Nantilly, en demeuraient sans voix et avec une pointe d'inquiétude. S'étaient-ils trompés?

Il faut reconnaître que, durant cet office dominical, les fidèles, négligeant un peu le Seigneur, s'occupèrent surtout de la famille Nantilly. A la sortie, on s'empressa pour faire sa cour et les Nantilly repartirent du même pas souverain, tranquille, en empruntant cette fois la rue Vaugelas, la rue de la Préfecture, la rue du 30e-Régiment-d'Infanterie et le boulevard Saint-Bernard-de-Menthon. On eût dit des suzerains faisant le tour de leur domaine où les vassaux rencontrés s'empressaient à les saluer et à leur rendre hommage. Cependant, le triomphe des Nantilly n'était qu'apparent, chacun des membres du clan sachant que de pénibles événements se préparaient et que cette promenade majestueuse ressemblait à l'ultime parcours du condamné à mort qu'on emmène au lieu du supplice.

Léon Girelle s'était réveillé la joie au cœur et il n'avait pas eu à s'interroger longuement pour comprendre que cette allégresse prenait sa source dans la promesse de sa rencontre avec Déborah. Il ne saisissait rien à ce qu'il lui arrivait. Il s'en voulait même de ce transport heureux dont son expérience lui enseignait qu'il n'était peut-être bien que le prélude d'une défaite sans appel. Tout en s'habillant, l'inspecteur pensait que si tout cela s'était passé quelques siècles plus tôt, il aurait pris Déborah pour une sorcière usant de philtre magique pour assurer son pouvoir. Quoique, à la réflexion, même dans les codes les plus anciens, un coup de poing sur l'œil ne pouvait être pris pour philtre magique...

Nouant sa cravate, le jeune homme essayait de raisonner, d'analyser ses sentiments. La seule chose qui lui semblait certaine était que son enthousiasme était complètement ridicule. Déborah n'était pas mal, sans doute... mais enfin, il y en avait d'autres, des tas d'autres, et d'abord plus facile. Avec celle-là – il ne nourrissait aucune illusion –, pas d'issue à une aventure, en dehors du mariage. Cela méritait réflexion, réflexion dont Léon se savait momentanément incapable. Il n'entendait pas se lier pour la vie et, pourtant, il était assez sot pour en courir le risque.

Alors qu'il mettait ses chaussures, il pensa soudain qu'il ne tenait guère compte, dans ses hypothèses, des sentiments de Déborah. La jeune fille ne lui avait, jusqu'ici, rien dit qui lui permît de penser que, de son côté, elle envisageait favorablement, le cas échéant, de s'unir à lui. N'ayant point l'habitude, comme Girelle, de ces duels amoureux, elle ne devait pas penser si loin, ni songer à demain, alors qu'aujourd'hui commençait à peine. Inquiet, Léon dut admettre son erreur de juger les autres d'après sa propre personne. Il n'ignorait pas que la sagesse lui conseillait de ne pas aller au rendez-vous donné et qui ne pouvait que lui réserver des désagréments. Si la petite lui témoignait de l'indifférence, il en souffrirait et, dans le cas contraire, il serait perdu, Déborah n'étant sûrement pas de celles qu'on peut laisser tomber sans autre forme de procès.

Cette matinée entamée dans l'euphorie, Girelle l'acheva dans l'inquiétude, dans l'état d'esprit de celui qui sait qu'il va commettre une sottise et qui ne peut s'empêcher de la commettre. Vingt fois, il décida de prendre sa voiture et de filer loin d'Annecy pour n'y revenir qu'à la nuit tombée, mais il se représentait Déborah l'attendant, l'attendant... parce qu'elle était ainsi faite, qu'elle ne pouvait croire au mensonge, à la duplicité. Au fond, la jeune fille inspirait une certaine crainte au conquérant soudain vaincu.

Léon ne se sentait – pour la première fois – aucun appétit. Il mangea dans sa chambre du *Family-Hôtel*, rue Royale, un peu de pain et de jambon. Il eut vite terminé ce frugal repas et, parce qu'il ne tenait pas en place, il partit marcher un peu pour se détendre. Profitant de ce que l'heure du repas désencombrait la ville, il s'en fut tourner dans la rue de la République, remonta la rue Jean-Jacques-Rousseau, gagna le quai de l'Isle et, par la rue Perrière, atteignit la rampe du Château où il souffla un peu avant de se lancer sur le Chemin de la Tour de la Reine qui l'amena place du Paradis. Il s'y reposa longuement, balança encore sur ce qu'il devait faire, manqua céder à la voix intérieure qui lui conseillait de rentrer chez lui, sans pouvoir, cependant, chasser de son esprit le visage grave et confiant de Déborah. Un quart d'heure avant le moment fixé pour leur rendez-vous, Léon dévala vers le Jardin Public.

Elle l'attendait.

Assise, le buste droit, sur le bout d'un banc, Déborah demeurait indifférente aux regards des passants. Quand elle vit Girelle, un sourire éclaira son visage et le garçon s'en sentit aussi réconforté qu'attendri.

– Serais-je en retard?

– Non, c'est moi qui suis en avance... Mais M. Edouard m'a permis de sortir un peu plus tôt.

– Vous ne savez pas ce que l'on va faire? Je

prends ma voiture et nous nous offrons le tour complet du lac. D'accord?

– D'accord.

– Alors, restez bien tranquille pendant que je file chercher mon carrosse. Et surtout ne vous sauvez pas, hein?

Elle secoua la tête, amusée. Léon la changeait des hommes graves de son pays. Il avait sûrement bon caractère pour ne pas lui tenir rigueur du coup qu'elle lui avait donné et dont la trace trop visible l'emplissait de confusion. Il faudrait qu'elle se civilisât et qu'elle admît qu'on ne doit pas se conduire à la ville de la même façon que dans la montagne.

C'est alors qu'elle était trop plongée dans ses réflexions pour prêter attention à ce qui l'entourait, que Joseph Plichancourt, passant au ralenti devant le Jardin Public par suite d'un encombrement inopiné, l'aperçut. Tout de suite, il devina qu'elle attendait quelqu'un et il se demanda s'il ne s'agissait pas d'un complice, peut-être du criminel. Il réussit à arrêter son auto dans un étroit espace que venaient de libérer des touristes sortant du restaurant et ne quitta plus la jeune fille des yeux. Au bout d'une dizaine de minutes, il la vit se lever, courir vers une Peugeot qui s'arrêtait et y monter à côté du conducteur... Sitôt que la jeune fille fut installée, la Peugeot démarra. Poussé par son instinct de chasseur, Plichancourt se lança sur ses traces.

L'une derrière l'autre, les deux voitures suivirent l'avenue d'Albigny, passèrent à Chavoire, Veyrier-du-Lac, Menthon-Saint-Bernard et, par Echarvine, escaladèrent le Roc de Chère. Passionnée par le magnifique paysage s'offrant à elle, Déborah semblait ne guère se soucier de son compagnon qui, de son côté, ne voyait pas trop comment entamer la conversation, du moins quant au sujet de ses sentiments pour la jeune fille.

Ce fut en redescendant la côte d'Echarvine que Plichancourt s'aperçut qu'il filait la voiture de son adjoint, l'inspecteur Léon Girelle. S'efforçant depuis le départ d'Annecy de deviner qui était le compagnon de la femme de chambre, il avait omis de regarder la plaque d'immatriculation. Il en rougit de confusion. Ainsi Girelle était, une fois de plus, tombé amoureux, et d'une suspecte, dans l'enquête qu'il menait... L'imbécile! L'inspecteur-chef se réjouissait d'avance du sermon qu'il se promettait d'infliger à ce garçon sans jugeote. Quant à Déborah, elle apprendrait à ses dépens que Joseph Plichancourt était plus difficile à rouler qu'un Girelle.

Après avoir traversé Talloires et Angon, Léon arrêta son auto un peu avant Balmette.

– Je connais un petit coin, au bord du lac, où nous pourrons nous reposer un moment et mieux faire connaissance.

Se retrouvant dans la campagne, Déborah était trop heureuse pour flairer le danger et suivit son compagnon. Plichancourt dépassa la Peugeot arrêtée, stoppa à son tour et, revenant discrètement sur ses pas, retrouva son agilité d'autrefois pour s'approcher du couple sans être entendu. Dissimulé par les arbres, il regarda son adjoint et sa conquête s'asseoir tout au bord du lac. Il était assez près pour entendre tout ce qui se disait.

Léon racontait sa vie, enfin, à peu près, omettant le récit de ses aventures sentimentales. Il parla de ses parents, du cabanon familial, pourquoi il était entré dans la police, ses espoirs dans le métier entrepris. En bref, sans trop exagérer cependant, Plichancourt jugea « qu'il se faisait mousser ». Il

120

augmenta un peu le montant des sommes perçues mensuellement, eut une allusion discrète à sa retraite, et l'inspecteur-chef fut contraint d'admirer une stratégie qui, tout en cherchant à émouvoir, n'oubliait pas le côté matériel et avantageux de l'aventure projetée. Pourtant, il y avait là une imposture qui dégoûtait le rigide Plichancourt : Girelle laissait entendre qu'il n'était pas ennemi du mariage alors qu'il n'en pensait sûrement pas un mot. Jérôme Manigod avait-il dit la même chose à Suzanne ? Plichancourt s'étonnait toujours de la crédulité féminine.

A son tour, Déborah exposa ce qu'avait été son existence jusqu'à son arrivée à Annecy. Elle parla de son hameau perdu, elle décrivit ses parents, parla de chacun de ses frères, de chacune de ses sœurs et n'oublia pas le pasteur, grâce à qui elle avait trouvé cette place chez les Nantilly. Une conversation qui ne passionnait en rien l'inspecteur-chef.

Soudain, Déborah se leva et, ôtant ses chaussures et ses bas, s'en alla tremper ses pieds dans l'eau. Léon se leva à son tour et, cédant à l'influence du soleil, de la légèreté de l'air, à la beauté du paysage, il prit la main de la jeune fille.

– Déborah... je vous aime...

Elle retira vivement sa main de celle du garçon.

– Taisez-vous... Vous m'aviez promis...

– Mais vous ne comprenez donc pas que je vous aime pour de bon ?

– Ecartez-vous !

Mais Girelle avait perdu la tête et Plichancourt, qui observait la scène, se demanda s'il devait intervenir ou non.

– Déborah, je n'ai jamais rencontré une fille comme vous.

Elle le regarda avec mépris.

– Ce qui est tordu ne sera jamais droit...

Ne se rendant plus très bien compte de ce qu'il faisait, Girelle joua sa chance dans un assaut qui, selon ses plans et son expérience, devait emporter la décision. Mais il ne parvint pas jusqu'au corps à corps, car, cueilli d'une très jolie droite au menton, il s'arrêta pile, vacilla sur ses jambes, tenta de rétablir son équilibre, n'y parvint pas, fit un ou deux pas en arrière et disparut dans le lac au milieu d'un éclaboussement du plus joyeux effet. Secrètement angoissée mais l'œil chargé d'éclairs, Déborah fixait l'endroit où avait sombré l'impie. Plichancourt jaillit de sa cachette au moment même où Léon faisait surface en crachant de l'eau. Telle la statue du Commandeur invitant don Juan à le suivre aux enfers, l'inspecteur-chef contemplait son subordonné qui, à la vue de son supérieur, hésita entre remonter sur la rive ou se laisser couler définitivement. L'instinct de conservation fut le plus fort et il se hissa sur la rive, trempé, ruisselant, en fort piteux état. Déborah ne put se tenir de rire et Plichancourt résuma la situation :

– Vous n'avez pas l'air très fin, mon cher Girelle.

L'inspecteur lui jeta un regard meurtrier et, se tournant vers la jeune fille :

– C'est la deuxième fois que vous vous livrez à des voies de fait sur ma personne... Les filles reçoivent une drôle d'éducation dans votre pays!

C'était exactement ce qu'il ne fallait pas dire.

– Les filles de mon pays ne sont pas habituées à être traitées comme des prostituées par des hommes qui n'ont ni foi ni loi et qui mentent comme ils respirent! C'est pour ces impurs aux cœurs sales que le prophète Jérémie a crié : « Voici la tempête de l'Eternel, la fureur éclate, l'orage se précipite, il fond sur la tête des méchants. La colère ardente de l'Eternel ne se calmera pas, jusqu'à ce qu'il ait accompli, exécuté, les desseins de son cœur. Vous le comprendrez dans la suite des temps! »

Sidérés, les deux hommes l'écoutaient et, quand elle eut terminé, Girelle se tourna vers Plichancourt pour lui demander piteusement :

– Qu'est-ce que vous voulez que je réponde ?

– Rien.

Et puis, brusquement, sans qu'on sût ni pourquoi ni comment, la fière Déborah se retrouva assise sur l'herbe, pleurant à chaudes larmes. L'inspecteur-chef, intrigué plutôt qu'ému, s'enquit de ce qu'elle avait.

– J'avais confiance en lui. Mais, est-ce que tous les hommes sont comme ça ?

Amer, Plichancourt répondit :

– Pas tous, mais les femmes ne s'en aperçoivent jamais.

En voyant la jeune fille pleurer – chagrin qui la rendait au monde des hommes et de leurs faiblesses –, Girelle fut bouleversé. Il s'approcha.

– Déborah... Voulez-vous me pardonner ?

– Encore ?

– Essayez de comprendre... Je vous aime.

– C'est pas une raison !

– Si je ne vous revois plus, je serai malheureux...

L'inspecteur-chef intervint :

– Vous allez bientôt en terminer avec vos pitreries ?

– Comment ça, mes pitreries ?

– Vous devriez avoir honte ! Montez dans votre voiture et rentrez chez vous vous changer. Je vous attends au bureau dans une heure et demie. Je ramène mademoiselle à la villa Nantilly.

Il avait parlé sur un tel ton que Léon n'osa pas

répliquer. Il obéit, monta dans sa Peugeot et s'enfuit, honteux et battu. Plichancourt invita Déborah à s'installer près de lui, dans son auto.

– J'imagine que ce fou de Girelle vous avait promis de vous faire faire le tour du lac?

– Oui.

– Il n'y a pas de raison de vous en priver. Sans doute sera-ce moins agréable en ma compagnie, mais ce n'est pas moi qui l'ai envoyé dans le lac.

Si on avait dit à Plichancourt, le matin, qu'il se promènerait l'après-midi avec une jolie jeune fille et, qui plus est, non lavée de tout soupçon, on l'eût indigné et pourtant...

Ils gagnèrent Bout du Lac, remontèrent sur Duingt où Déborah se risqua à demander:

– Vous connaissez M. Girelle depuis longtemps?

– Depuis qu'il est arrivé à Annecy, il y a trois ans.

– Est-ce que vous pensez qu'il est entièrement mauvais?

– Personne n'est entièrement mauvais.

– Vous comprenez, monsieur, c'est la première fois...

– La première fois que quoi?

– Qu'un garçon se soucie de moi...

Plichancourt lui jeta un coup d'œil de côté. Elle avait l'air sincère. Pour peu qu'elle continuât de la sorte, cette petite finirait par le rabibocher avec la gent féminine. Mais sa vieille méfiance entretenue par toutes les aventures connues au cours de sa carrière policière ne se laissait pas endormir aussi facilement. « Et si elle te jouait la comédie? » En traversant Sèvrier, l'inspecteur-chef prit un ton détaché pour dire à sa compagne:

– Vous vous doutiez que Suzanne Nanteau avait tué l'oncle Jérôme?

124

– Non, et je ne crois pas qu'elle l'ait fait.

– Ah?

– Je l'ai rencontrée durant quelques instants, elle n'avait pas de méchanceté en elle... Une fille folle... Une simple fille folle que le Seigneur avait abandonnée... J'espère que maintenant Il l'a retrouvée et l'a prise par la main...

– Si ce n'est pas Suzanne, qui cela peut-il être?

– On le saura un jour.

– Comment?

– Parce que les méchants finissent toujours par montrer leur vrai visage.

– Que vous dites!

– Ce n'est pas moi, mais Salomon. Rappelez-vous : « Par ses lèvres, celui qui hait se déguise et il met au-dedans de lui la tromperie. Lorsqu'il prend une voix douce, ne le crois pas, car il y a sept abominations dans son cœur. S'il cache sa haine sous la dissimulation, sa méchanceté se révélera dans l'assemblée. »

Excédé, Plichancourt remarqua :

– Vous n'avez jamais lu que des Livres Saints?

Etonnée, elle tourna la tête vers lui.

– Et que pouvais-je lire d'autre?

Il faillit hausser les épaules, mais se retint pour ne point la peiner. Toutefois, en entrant dans Annecy, il se surprit à essayer de se rappeler qui, parmi les Nantilly-Gugney, avait la voix la plus douce.

Déborah rentrée à la villa, Plichancourt gagna son bureau où Girelle ne tarda pas à le rejoindre. L'inspecteur-chef, parce qu'il était resté en tête à tête avec Déborah, ne se montra pas aussi sévère qu'il en avait l'intention avec son subordonné.

– Je conviens, Girelle, que cette jeune fille semble d'une autre qualité que les autres... Raison de plus pour que vous vous conduisiez bien avec elle... quand elle sera lavée de tout soupçon.

Le garçon bondit.

– Enfin, chef, vous ne croyez vraiment pas qu'elle puisse être coupable!

– Dans une enquête, inspecteur, je ne crois jamais rien en l'absence de preuves indiscutables. Or, rien ne me prouve que Déborah Puisserguier ait tué Jérôme Manigod pour le voler, mais je ne possède pas non plus la preuve de son innocence.

– Vous n'estimez donc plus que c'est Suzanne qui a...?

– Non.

– Pourtant...

– Réfléchissez, Girelle! Tous se sont accordés pour nous dépeindre cette Suzanne comme une velléitaire, brusquement transformée par un appel téléphonique. Sans doute a-t-elle pu acquérir cette assurance qui lui a permis d'envoyer promener le maître d'hôtel, mais je doute qu'en si peu de temps, cette transformation ait été jusqu'à faire de Suzanne une criminelle. Non, Girelle, je suis à peu près persuadé que nous nous embarquons sur une voie où quelqu'un tient à nous voir embarquer.

– Pourquoi?

– Pour protéger l'assassin qui est en même temps le voleur.

– Pour quelles raisons les Nantilly auraient-ils monté tout ce cirque à seule fin de protéger une domestique entrée chez eux depuis si peu de temps?

– Vous ne songez qu'à Déborah!

– Il n'y a qu'elle qui m'intéresse.

– C'est exactement ce que je vous reproche. En tant que policier, vous n'avez pas à laisser vos sentiments personnels prendre le pas sur votre

126

devoir! Il vous incombe – pour être fidèle à votre tâche – de traiter Mlle Puisserguier comme n'importe lequel des autres suspects. Si vous ne vous en sentez pas capable, alors dites-le-moi franchement et je prierai le commissaire de me donner un autre adjoint?

– Ah non!

– Dans ces conditions, je dois vous rappeler qu'un policier, sortant en compagnie de quelqu'un suspecté de crime dans l'enquête menée par lui, risque de trahir... et qu'en tout cas une telle conduite serait très sévèrement jugée en haut lieu.

– Je sais tout cela, chef, mais je sais aussi que j'aime Déborah.

– Que vous connaissez à peine depuis quelques heures et avec qui vous n'avez pas conversé plus d'une demi-heure?

– Vous n'avez jamais entendu parler du coup de foudre?

– Non. Il faut croire que je ne fréquente pas les gens qui en parlent.

– On se croit à l'abri... On pense qu'on est plus malin que tout le monde, on regarde les filles en rigolant et on leur débite n'importe quoi pour les convaincre... Mais quinze jours plus tard, on ne se rappelle plus très bien leur prénom. On s'imagine que ça va durer toujours et puis, un matin ou un soir, on en rencontre une à qui on ne parle pas, à qui on ne sourit pas... On ne sait rien d'elle, on ignore son nom et pourtant, celle-là, on est persuadé qu'on ne l'oubliera plus, quoi qu'il arrive. Je ne préjuge pas de ce qui se passera entre Déborah et moi, mais j'ai la certitude que, si elle ne devient pas ma femme, je ne me marierai jamais.

– Je vois. Puis-je me permettre un conseil?

— Je vous en prie, chef.

— Rentrez chez vous, mettez-vous au lit, tâchez de dormir et, ce soir, purgez-vous, puis pendant vingt-quatre ou quarante-huit heures mettez-vous au régime du bouillon de légumes. La plus folle des passions ne résiste pas à pareil traitement qui vous ramène sur terre.

Dans les jours qui suivirent, l'enquête ne progressa pas d'un iota. Les Nantilly reprenaient leur vie normale, mais tous étaient taraudés par leurs soucis d'argent que le temps rendait de plus en plus pressants. Les révélations brutales de l'inspecteur-chef avaient amené d'amères discussions entre Henriette et son mari, entre Patrick et sa femme. On invoquait la morale, l'honnêteté, on parlait d'abus de confiance, on menaçait, on s'indignait, on gémissait sur le passé, le présent et l'avenir. Edouard, percevant à travers les portes les échos de ces affrontements conjugaux, hochait tristement la tête et s'en allait confier à Agathe Vieillevigne que, contrairement à leurs espérances de terminer leurs carrières dans une maison à laquelle ils s'étaient faits, il leur faudrait peut-être bien chercher une autre place. A leur âge, c'était là une perspective douloureuse autant qu'humiliante.

Le seul fait nouveau fut le retour d'Armandine Manigod. Encore tout imprégnée de ses pieuses méditations lyonnaises, elle parut, à ceux qui l'observaient avec plus ou moins de sympathie, avoir complètement oublié le drame où elle était plongée et qui la menaçait au premier chef. Que deviendrait-elle si les Nantilly faisaient la culbute? Elle ne serait plus qu'une vieille demoiselle pauvre et inutile. Cependant, Armandine ne paraissait absolument pas envisager cette fâcheuse hypothèse. Elle se disait convaincue que Notre-Dame de Fourvière, qui l'avait toujours écoutée d'une oreille complaisante, l'exaucerait cette fois encore. Exaspérés, les autres lui imposaient silence et cette ingratitude lui mettait les larmes aux yeux.

Pendant ces journées où l'enquête piétinait, Léon Girelle ne cessait de penser à Déborah. Il se refusait à envisager qu'elle pût être coupable et, du coup, ne se sentait en rien infidèle à sa tâche. Il avait renoncé à lutter contre sa tendresse pour la petite femme de chambre. L'éternel vainqueur s'avouait vaincu et goûtait la douceur de sa défaite.

L'inspecteur-chef évitait d'envoyer son subordonné à la villa Nantilly pour y quérir un renseignement, une précision, et Léon se creusait en vain la cervelle pour voir de quelle manière il pourrait de nouveau toucher Déborah. Un matin où il se sentait plus découragé que de coutume, il prit son courage à deux mains et lui écrivit une longue lettre où il lui exposait « l'immensité de sa tendresse », qu'il était très malheureux loin d'elle, etc. Il terminait sa missive en lui donnant rendez-vous pour le jeudi – qu'il savait être son jour de sortie – à 20 heures, devant la table d'orientation en bordure du lac, tout près de la villa. Naturellement, il ne vécut pas jusqu'à l'heure de ce rendez-vous, se demandant si elle viendrait, si on n'allait pas l'envoyer en mission juste à ce moment-là. Toutes ces angoisses se révélèrent sans fondement. Nul ne songea à expédier l'inspecteur Girelle hors d'Annecy, et Déborah fut exacte au rendez-vous.

Bien entendu, la petite commença par affirmer qu'elle ne voulait pas venir, mais que la lettre de Léon l'avait touchée. Elle ne resterait pourtant que si son compagnon s'engageait à se conduire décemment. Le policier fit toutes les promesses exigées et pria la jeune fille d'accepter le cadeau qu'il lui avait apporté : un sac qu'il espérait devoir lui plaire. Déborah s'interrogea longuement pour décider si elle avait ou non le droit de recevoir ce présent. Enfin, elle en avait trop envie pour ne pas s'en laisser convaincre, mais elle tint à spécifier que cela ne l'engageait en rien. La question réglée, ils se promenèrent sagement, échangeant des propos sans queue ni tête, comme tous ceux qui s'aiment ou du moins sont attirés l'un vers l'autre, mais n'osent se l'avouer réciproquement.

Ils revinrent au Jardin Public et s'assirent face au lac qu'on ne voyait plus, mais dont on entendait l'espèce de vaste respiration. Girelle prit la main de Déborah dans la sienne et elle se laissa faire. Ils ne parlèrent plus, n'ayant plus rien à se dire, savourant simplement le plaisir d'être ensemble. La nuit, le silence approximatif de la ville qui s'endormait, l'immense présence vivante du lac invisible leur donnaient l'impression de vivre, pour un instant, hors du monde. Il la raccompagna après avoir obtenu la promesse de la retrouver le dimanche suivant, mais, pour éviter d'être une fois encore repéré par un Plichancourt quelconque, il lui donna rendez-vous à la gare où il la prendrait pour l'emmener passer l'après-midi à Aix-les-Bains.

Pendant que Girelle se perdait, avec délices, dans les aimables tourments de l'amour, Plichancourt travaillait; mais, sans aucun indice nouveau, il raisonnait. Enfermé dans son bureau, il recommençait inlassablement à imaginer l'aventure de Suzanne et chaque fois il en arrivait à cette conclusion : il n'était pas possible que quelqu'un de la villa eût eu assez d'influence sur Suzanne pour la convaincre de tuer Jérôme, de lui voler les diamants et les lui remettre. Hypothèse absurde. N'était-il pas plus

130

vraisemblable d'admettre qu'on avait fait revenir Suzanne uniquement pour servir de bouc émissaire? On lui téléphonait pour lui dire qu'elle se conduisait comme une sotte en ne se révoltant pas et qu'elle devait exiger beaucoup plus d'argent. On lui donnait rendez-vous à une heure soigneusement choisie, on l'introduisait discrètement dans la villa, on s'arrangeait pour qu'elle fût vue, puis on assassinait Jérôme, on s'emparait des diamants. Peut-être avait-on simplement l'intention de conseiller à Suzanne de filer, de demeurer cachée longtemps en la munissant d'un bon viatique, mais au cours du rendez-vous nocturne, la pauvre fille avait peut-être manifesté son indignation de la mort de Jérôme et menacé le meurtrier de le dénoncer. D'où l'obligation, pour ce dernier, de se débarrasser d'elle.

Arrivé à ce point de son raisonnement, Plichancourt butait sur la personnalité du criminel. Georges, Jean-Jacques, Patrick, Edouard? L'inspecteur-chef ne pensait pas que ce fût un crime de femme, et c'est pourquoi, en dépit de ce qu'il avait avancé, il n'avait jamais bien cru à la culpabilité de Suzanne Nanteau. Pour l'instant, il n'avait qu'une chose à faire : attendre. Attendre la première faute commise par l'assassin. Il était sûr qu'il la commettrait et, en dépit de l'impatience manifestée par le commissaire Mosnes, il ne perdait pas courage. Il était convaincu que le temps travaillait pour lui.

Girelle et Déborah passèrent un après-midi merveilleux à Aix-les-Bains. Seulement préoccupés d'eux-mêmes, ils oublièrent les crimes et les angoisses des Nantilly et les soupçons de Plichancourt. Ils étaient heureux et ne cherchaient pas plus loin. Bien que sur ses gardes, la jeune fille s'imaginait vivre une espèce de rêve dans cette ville élégante, au bord de ce lac. Le temps passa si vite, qu'il leur parut qu'ils venaient à peine d'arriver lorsque l'heure du retour sonna.

Avant de raccompagner Déborah chez elle, au mépris de toute prudence, Girelle convainquit sa compagne de se laisser offrir un porto. Elle accepta, et lorsqu'ils furent installés dans un café discret, la petite se retira un instant. Machinalement, repris par son métier sans en avoir clairement conscience, l'inspecteur ouvrit le sac de sa bien-aimée et y fouilla. Il était poussé par le désir de se renseigner mieux encore sur elle. Il s'attendrit devant les menus objets sans valeur encombrant les poches. Amusé, il souleva le rabat d'une pochette minuscule et se figea d'un coup, n'en croyant pas ses yeux : au fond de cette pochette : un diamant! Léon eut l'impression que l'édifice s'écroulait sur lui. Il répétait : « Non... non... non... non... » comme s'il voulait nier l'évidence. Il avait tout ensemble envie de rire et de pleurer. De rire de sa crédulité, de pleurer son amour mort. Au prix d'un violent effort sur lui-même, il réussit à se dominer et à se composer un visage, mais il ne parvint pas à retrouver, fût-ce artificiellement, sa gaieté de la journée. Déborah était si énervée par tout ce qu'elle avait vu, par cette ambiance de café, nouvelle pour elle, qu'elle ne prit pas garde au changement d'attitude de son compagnon.

En quittant son amoureux, presque devant la grille de la villa, elle se dit que s'il tentait de l'embrasser – sur la joue, bien sûr! – elle ne se fâcherait pas. Mais il ne parut pas vouloir se livrer à ce genre d'exercice. Elle en fut, intérieurement, un peu désappointée. Girelle ne fixa pas de nouveau rendez-vous à la petite, affirmant qu'il ne connaissait pas encore l'emploi du temps que l'inspecteur-chef lui avait réservé pour la semaine. Il promit de lui écrire.

De retour chez lui, Girelle passa une heure affreuse. Sa raison se bloquait sur cette certitude : Déborah était l'auteur du vol, sinon du crime perpétré sur la personne de Jérôme Manigod. Il prononçait à haute voix cette affirmation dont le sens ne parvenait pas complètement à son cerveau. Il y avait quelque part un obstacle, une sorte de coupe-circuit constitué par sa tendresse qui voulait vivre, qui n'entendait pas céder à la première injonction. Et pourtant... Léon tenta de trouver toutes les explications, inventa toutes les suppositions, mais il ne parvenait pas à échapper à ce dilemme : Déborah était la criminelle ou son complice. Avait-elle seulement rencontré Suzanne ? En dehors d'elle, il n'y avait que le maître d'hôtel qui avait aperçu la jeune femme. Existait-il une entente entre Edouard et Déborah ? Avaient-ils d'un commun accord inventé la présence de Suzanne Nanteau dans la villa où un X... mystérieux l'aurait introduite ? De quelque côté qu'il se tournât, l'inspecteur se heurtait à un mur sur lequel rebondissait sa pensée – ainsi que la balle sur le fronton basque – pour revenir à ce point de départ : la culpabilité de Déborah Puisserguier.

Las de se battre contre une évidence que le souvenir de ce diamant, maladroitement caché ou oublié, lui imposait, Girelle capitula. Entendu, Déborah, sous son visage angélique, cachait une âme noire et sa vertu de vierge guerrière, ses incessantes citations de la Bible lui permettaient de composer un personnage qui impressionnait.

Et maintenant ? Léon allait-il faire son devoir de policier et la dénoncer à Plichancourt ou bien, reniant son serment d'officier de police, irait-il prévenir la jeune fille que son jeu était découvert et qu'elle devait fuir au plus vite pour échapper aux dures rigueurs de la loi. Girelle se sentait enclin à adopter cette solution, car d'avoir aperçu la vraie personnalité de Déborah ne tuait point son amour pour elle. Il ne pourrait pas supporter de la voir menottes aux poignets emmenée par les gendarmes, il n'aurait pas la force d'assister aux interrogatoires, la perspective du procès l'affolait. Non, tout cela s'affirmait au-dessus de ses forces. Il fallait qu'elle quittât Annecy au plus tôt. Elle avait sûrement beaucoup d'argent avec tout ou partie des diamants de l'oncle Jérôme. Elle pourrait passer à l'étranger. Au besoin, il la conduirait à proximité de la frontière. Tant pis! il arriverait ce qui arriverait, elle n'irait pas en prison par sa faute à lui! Il ne se rappelait plus exactement les pays où l'extradition ne pouvait être demandée, ou du moins exigeait de longues démarches. Il décida de se rendre à son bureau pour chercher les renseignements qui lui manquaient. De là, il irait à la villa, demanderait à parler à Déborah, sous prétexte de précisions pour l'enquête et l'avertirait.

Girelle n'ignorait pas qu'en agissant de la sorte, non seulement il trahissait sa charge, mais encore il devenait complice et tombait sous le coup de la loi. Il acceptait et le déshonneur et le châtiment par attachement pour cette fille qui ne méritait pas sa tendresse.

L'inspecteur sursauta lorsque la porte de son bureau s'ouvrit devant Plichancourt.

– Par exemple! Vous ici, à cette heure, et un dimanche? Vous aurais-je mal jugé, inspecteur? Et sous vos dehors de fantaisiste, seriez-vous un passionné de votre métier?

Mais à la vue du visage ravagé que Léon levait

vers lui, l'inspecteur-chef comprit qu'il avait gaffé et que son ironie, se voulant familière, n'était que déplacée.

– Excusez-moi... Je n'ai pas à forcer vos confidences, mais le cas échéant... si, pour une raison que j'ignore vous aviez un problème difficile... enfin, je veux dire si vous vous sentiez trop seul... rappelez-vous que... que je suis là.

Il pivotait sur les talons lorsque Girelle le rappela :

– Chef...

Quelque chose s'était cassé dans le cœur de Girelle, un peu comme une digue qui se brise et dont le flot emporte les morceaux. Cette solidarité soudaine, cette amitié inattendue dont témoignait l'inspecteur-chef flanquait un choc à l'inspecteur, un choc qui ne lui permettait plus de réfléchir, qui lui rendait sa liberté.

– Oui ?

– Je sais qui a tué Jérôme Manigod.

– Qu'est-ce que vous dites ?

– Ou du moins qui est complice du meurtrier avec lequel elle a partagé le butin.

– Elle ?

– Déborah Puisserguier.

– Vous êtes fou ?

– Non, hélas !...

Plichancourt scruta la figure de son subordonné et, doucement, demanda :

– C'est pour cela que vous aviez ce visage ?

– Oui.

L'inspecteur-chef prit une chaise et s'assit en face de Léon.

– Racontez-moi maintenant, mon vieux.

Et Girelle raconta : la lettre, le premier rendez-vous près du lac, le cadeau du sac, les retrouvailles de ce jour, la promenade à Aix-les-Bains, l'ultime arrêt dans un café, l'absence momentanée de la jeune fille, le sac fouillé et la découverte du diamant. Plichancourt avait écouté avec attention. Lorsque l'autre eut terminé, il soupira :

– Si elle est vraiment coupable, voilà la plus belle comédienne que j'aie jamais rencontrée. Pourtant, je me refuse à croire que ce soit elle qui a tué... Si c'est un complice, qui?

– Le maître d'hôtel?

– Impossible, voyons!

Mais Girelle exposa son hypothèse quant à la présence fictive de Suzanne Nanteau dans la villa, fable uniquement destinée à duper la police. Plichancourt parut ébranlé.

– Evidemment... Alors, le maître d'hôtel appelle Suzanne qui a confiance en lui, la fait venir à Annecy, s'entend avec Déborah pour nous faire croire que ladite Suzanne s'est glissée dans la villa, qu'elle lui a parlé avec arrogance, et Déborah confirme au moins le passage de la pauvre fille qu'on tue pour l'empêcher de parler. Remarquablement imaginé, il faut en convenir. Et nous, nous cherchons le coupable parmi les endettés de la famille qui ont besoin des diamants de l'oncle Jérôme, parmi les coureurs de filles susceptibles d'avoir séduit Suzanne! On nous a bien embarqués... si votre supposition est juste.

– Je voudrais tant qu'elle fût fausse. Qu'est-ce qu'on décide, chef?

– D'arrêter Déborah Puisserguier. Qu'est-ce que nous pouvons faire d'autre?

## VII

Lorsque la voiture de police s'arrêta devant la villa Nantilly, Girelle eut envie de se sauver pour ne pas assister à ce qui allait suivre. Plichancourt, qui devina son trouble, le prit par le bras et l'entraîna en murmurant :

– Allons, du cran, inspecteur!

Le maître d'hôtel ne se scandalisa même pas de voir apparaître les policiers à une heure indue, et un dimanche. Depuis le début de cette affaire, il avait complètement perdu pied dans un univers qui n'était plus le sien.

– Ces messieurs désirent?

– La famille est au salon?

– Oui, monsieur.

– Annoncez-leur ma présence.

Edouard obéit et revint pour dire :

– Monsieur m'a prié d'avertir Monsieur qu'au point où en sont les choses, Monsieur n'a pas à perdre de temps à se faire annoncer et Monsieur tient à préciser à Monsieur qu'aucune chambre n'est fermée à clef.

Plichancourt répliqua sèchement :

– Plein d'humour, votre patron, hein? Allez chercher la cuisinière et les femmes de chambre et emmenez-les au salon.

Le maître d'hôtel s'inclina :

– Pourquoi pas!

Les policiers entrèrent au salon où ils furent accueillis assez fraîchement. Georges Nantilly s'enquit :

– Alors, inspecteur, même le dimanche?

– Même le dimanche, monsieur.

A la vue des domestiques, Jean-Jacques remarqua :

– Vous aimez ce genre de réunion, n'est-ce pas, inspecteur ?

– Beaucoup, monsieur, et maintenant, monsieur Girelle, veuillez emmener Mlle Monique et accomplir votre mission.

Sous les regards intrigués des autres, Léon sortit avec la jeune femme. Il fut très vite de retour, tenant à la main le sac de Déborah et le tendit à son chef qui demanda :

– Mademoiselle Monique, vous n'avez pas quitté l'inspecteur du moment où vous êtes sortis tous deux de cette pièce ?

– Je ne l'ai pas quitté.

– Vous l'avez vu prendre ce sac ?

– Oui.

– L'a-t-il ouvert ?

– Non.

– Donc ce sac est exactement dans l'état où il a été trouvé dans une chambre de cette maison ?

– Oui.

– Je vous remercie et je prie tous les assistants de bien se souvenir des réponses de Mlle Monique. Maintenant, à qui appartient ce sac ?

Déborah répondit :

– Il est à moi.

– Vous en êtes certaine ?

– Absolument.

Plichancourt s'approcha d'un guéridon au-dessus duquel il secoua à l'envers le sac qu'il venait d'ouvrir. Parmi les petits objets, on vit soudain tomber un léger trait de lumière. Le policier se saisit de la pierre.

– Mademoiselle Puisserguier, pouvez-vous me

confier comment ce diamant est venu en votre possession?

Dans le murmure de surprise qui suivit cette question, perça le cri effrayé de Mlle Armandine :

– Doux Jésus!

Quant à Déborah, elle ne comprenait pas.

– Allons, mademoiselle, répondez?

– Je ne sais pas.

– Vous ne savez pas quoi?

– De quelle façon ce diamant est venu dans mon sac.

– Sérieusement, vous ne pensez pas que ce soit là une explication dont je puisse me contenter?

Jean-Jacques Nantilly intervint :

– Tout cela est bizarre, non? De quelle façon avez-vous appris la présence de cette pierre dans le sac de Déborah?

– Mon adjoint, sorti avec mademoiselle, a ouvert son sac et a découvert le diamant.

Jean-Jacques ricana :

– On n'est pas plus galant!

Déborah regarda Léon et ce dernier baissa la tête. Déjà le remords l'assaillait. Seule, Mlle Armandine osa se porter au secours de la jeune fille.

– Il est possible, monsieur l'inspecteur, qu'on ne parvienne pas, pour l'instant, à comprendre cette histoire de diamants, mais ici personne ne croit ni ne pourra croire à la malhonnêteté de Déborah!

– En matière de police criminelle, mademoiselle, la foi n'est pas suffisante. Ce que j'aimerai bien entendre, c'est votre opinion, mademoiselle Déborah.

– Je n'ai rien à dire, sinon que je ne comprends rien à tout cela.

– Voyons, réfléchissez! Vous êtes soupçonnée de vol et peut-être pire... Que répondez-vous?

La jeune fille se redressa et dit d'une voix forte :

– « Alors Pilate lui dit : « N'entends-tu pas de combien de choses ils t'accusent? » Et Jésus ne lui donna aucune réponse sur aucune parole, ce qui étonna beaucoup le gouverneur. »

Excédé, Plichancourt s'écria :

– Votre système de défense est stupide! Au nom de la loi, mademoiselle Déborah Puisserguier, je vous arrête.

Elle allait d'elle-même vers la porte. L'inspecteur-chef la suivit. Quand elle passa devant Girelle, celui-ci avait les larmes aux yeux. Elle s'en aperçut et lui sourit. Léon murmura :

– Je... je ne pouvais pas agir autrement...

Elle le regarda : et répondit : « Celui qui a mis avec moi la main dans le plat, c'est celui qui me livrera. »

Au salon, les policiers et Déborah partis, les Nantilly et les Gugney, après avoir échangé leurs impressions, tombèrent tous d'accord pour constater que cette arrestation les soulageait d'un grand poids. Une fois encore, Mlle Armandine fit entendre une note discordante :

– Je ne vous comprends pas! Vous semblez vous réjouir du malheur de cette enfant?

Henriette protesta :

– Si cette enfant a tué l'oncle Jérôme pour le voler, tu avoueras qu'elle ne mérite guère notre pitié!

Cynique, Jean-Jacques souligna :

– Elle aurait dû se contenter de le zigouiller et de nous laisser les diamants. Elle eût été notre bienfaitrice...

– Jean-Jacques, ce que tu dis là est affreux!

– Chère cousine, j'exprime simplement à haute voix ce que pense chacun de nous. Vous n'allez tout de même pas prétendre que vous regrettez ce vieux grigou de Jérôme?

– Prends garde qu'il ne te soit demandé compte un jour de tes paroles!

Ricaneur, Patrick se mêla au débat.

– Cousine, vous êtes la seule responsable.

La vieille demoiselle sursauta:

– Quoi?

– Vous êtes allée prier Notre-Dame de Fourvière pour qu'elle vienne au secours de la famille. Elle vous a exaucée en s'arrangeant pour que la coupable soit démasquée et les vôtres lavés de tout soupçon. N'est-ce pas ce que vous désiriez?

Mlle Armandine, outrée, annonça qu'elle montait dans sa chambre et s'en alla sans saluer personne, ce qui n'était pas dans ses habitudes. Henriette reprocha à son fils et à son gendre de faire sans cesse enrager la pauvre fille.

Si le salon se félicitait de l'arrestation de Déborah, il n'en était pas de même à l'office. Monique surtout était déchaînée.

– Une honte! Ces policiers sont des salauds! Ou des imbéciles!

Gêné, le maître d'hôtel remarqua:

– Il y a quand même ce diamant dans son sac...

– Et alors? Quelqu'un – le vrai voleur – a très bien pu l'y glisser pour la faire accuser!

– Ce serait ignoble...

– Et avoir poignardé l'oncle Jérôme, ce n'était pas ignoble peut-être? Un type qui tue ne doit pas reculer devant la traîtrise, il me semble!

Pour la première fois, Agathe Vieillevigne prit parti contre Edouard.

– Vous avez raison, mon petit! Il faut être complètement fou pour soupçonner Déborah qui est une des plus gentilles filles que j'aie rencontrées. Et dire qu'on ne peut rien faire pour elle!

Le maître d'hôtel avoua :

– Je reconnais que je ne comprends rien à ce qui se passe. Comme vous, je ne puis voir Déborah sous les traits d'une tueuse ou même d'une voleuse... Il y a sûrement une faille quelque part... mais où? En tout cas, vous avez raison, madame Agathe, nous ne pouvons abandonner cette petite... et si nous prévenions sa famille?

Monique s'écria :

– Excellente idée! Je connais le nom du hameau où elle habite. J'écris tout de suite et si vous le voulez bien, monsieur Edouard, vous porterez la lettre à la gare pour qu'elle parte cette nuit.

– Entendu.


Le lendemain matin, Déborah fut tirée de la cellule où elle avait passé la nuit, mais refusa de voir quiconque si on ne lui permettait pas de se laver. On consentit et ce fut une Déborah ressemblant à ce qu'elle était d'ordinaire, qui se présenta devant le commissaire Mosnes et l'inspecteur-chef Plichancourt. Ce dernier, par pitié, avait dispensé Girelle d'assister à l'interrogatoire. Le commissaire fut frappé par la beauté simple et le maintien discret de la jeune fille. Mû par son seul instinct de policier, il commença à flairer la gaffe et, tout de suite, sans présager la suite de l'histoire, il se félicita de ce que la presse n'eût pas eu vent de l'arrestation de la jeune fille qu'il fit asseoir.

– Mademoiselle, je tiens à préciser que vous êtes, pour le moment, simplement soupçonnée... Nous attendons de vous les explications qui, selon ce qu'elles seront, vous verront quitter cette pièce

142

libre ou, au contraire, vous renverront en cellule. De toute façon, je vous recommande d'être franche car, le cas échéant, les juges vous tiendront compte de votre franchise. Vous vous appelez Déborah Puisserguier...

La petite répondit d'une voix égale à toutes les questions concernant son identité, sa famille, son passé, les raisons pour lesquelles elle se trouvait à Annecy, parla de Mme Puget et de M. Fétigny. Elle dit encore comment le hasard seul l'avait envoyée chez les Nantilly. Le commissaire nota d'interroger Jonathan Fétigny. Lorsqu'elle eut terminé, Mosnes passa à l'attaque :

– Reconnaissez-vous avoir tué Jérôme Manigod?
– Non.
– Reconnaissez-vous avoir volé la cassette de diamants qu'il conservait dans sa chambre?
– Non.
– Mais vous admettez que vous en saviez l'existence.
– M. Manigod me l'avait montrée.
– Vous n'ignorez pas qu'on a trouvé un diamant dans votre sac. Comment y est-il venu?
– Tout ce que je sais, c'est que je l'y ai pas mis.
– L'inspecteur-chef pense différemment.
– Je lui en veux pas.

Les policiers la regardèrent et durent se convaincre qu'elle ne plaisantait pas. Mosnes était de plus en plus impressionné par la personnalité de Déborah. Elle ne ressemblait vraiment en rien à celles qu'il avait vues défiler dans son bureau.

– Plichancourt... exposez-nous comment vous voyez l'affaire.

Déborah fixa l'inspecteur-chef de son regard si clair. Il eût préféré qu'elle regardât ailleurs.

– Je veux bien croire qu'en arrivant à Annecy,

143

vous n'aviez aucun projet criminel. Mais chez les Nantilly, deux faits se produisent qui vont vous dicter votre conduite : vous êtes mise au courant, je ne sais par qui, de l'histoire de Suzanne Nanteau, d'une part, et, d'autre part, Jérôme Manigod vous montre sa collection de diamants. Cette richesse inemployée vous tourne la tête. C'est la première fois que vous vous trouvez dans une ville. Vous prenez conscience de l'importance de l'argent. Vous avez envie de tout ce que vous voyez et que vous n'aviez jamais vu : robes, bijoux, etc., et vous pensez à cette fortune qui dort dans la chambre de l'oncle Jérôme. Vous désirez vous en emparer, mais comment ? C'est alors que quelqu'un, dans la villa, vous a devinée et il vous a devinée parce qu'il nourrit des desseins identiques aux vôtres. Et ce quelqu'un, j'ai comme une idée que ce pourrait être le maître d'hôtel. J'imagine que c'est lui qui a monté toute l'affaire. Il a téléphoné à Suzanne pour l'inviter à quitter son couvent, sans doute en lui promettant monts et merveilles. Puis il invente la présence de cette jeune femme – que votre témoignage corrobore – dans la villa où « on » l'a introduite sans que personne, sauf vous deux, ne s'en aperçoive. Seulement, Edouard force un peu la note en prêtant à Suzanne des propos que, de l'avis unanime, elle était incapable de tenir. Naturellement, M. le commissaire et moi-même estimons que vous n'êtes que complice... car je ne doute pas que ce soit l'autre qui a tué Jérôme Manigod... Alors, si vous vouliez faire preuve de compréhension, si vous discerniez vraiment où est votre intérêt, alors vous nous raconteriez toute l'histoire de A jusqu'à Z et je suis convaincu que le tribunal témoignerait d'une certaine indulgence à votre endroit. C'est bien votre avis, monsieur le commissaire ?

144

– Assurément... Je vous écoute, Déborah Puisserguier.

La jeune fille posa sur Charles Mosnes son regard lumineux et ce fut le commissaire qui détourna les yeux.

– Que souhaitez-vous que je réponde?

– La vérité!

– Vous ne la croiriez pas.

– Pourquoi?

– Parce que votre opinion est faite... Pauvre M. Edouard... Il ne se doute sûrement pas que vous le soupçonnez... et moi, voilà que je suis une voleuse, peut-être une criminelle...

– Mais dites-nous comment ce diamant est dans votre sac?

– Je sais pas...

– Et vous pensez que cela suffit?

– Ça devrait...

Le commissaire se tourna vers Plichancourt :

– J'y renonce!

L'inspecteur-chef prit le relais de son supérieur.

– Déborah, soyez raisonnable! Expliquez-nous...

– Je parlerai plus.

– Pour quelle raison?

– « Vous opprimez le juste, vous recevez des présents, et vous violez à la porte le droit des pauvres. Voilà pourquoi, en des temps comme ceux-ci, le sage se tait : car ces temps sont mauvais. »

Ahuri, le commissaire demanda à Plichancourt :

– Elle se fiche de nous?

L'inspecteur-chef secoua la tête.

– Non, elle est ainsi...

On ramena Déborah dans sa cellule. Plichancourt, gêné, s'enquit :

– Votre avis, monsieur le commissaire?

– Franchement, j'ai l'impression que vous avez commis une gaffe en arrêtant cette fille.

– Pourtant, ce diamant?

– Heureusement pour nous. Le cas échéant, il justifiera cette arrestation.

– Vous ne la croyez pas coupable?

– Non, sans pouvoir vous dire exactement pourquoi.

– Je comprends. Déborah inspire confiance.

– C'est cela, Plichancourt! Elle a le don d'inspirer confiance...

– Ce qui – reconnaissez-le, monsieur le commissaire – serait une arme magnifique pour une criminelle.

– Bien sûr, mais j'ai écouté attentivement votre démonstration, Plichancourt... Il y a beaucoup trop d'invraisemblances. Sans doute, quelqu'un a-t-il fait revenir Suzanne Nanteau, mais vous prêtez trop d'intelligence, trop de ruse à un maître d'hôtel qui, de sa vie, n'a fait qu'obéir... Et si, au contraire, cet Edouard est habile, quelle naïveté serait la sienne que de se confier à une nouvelle venue dont rien dans son comportement ne lui permettait de croire qu'elle pouvait accepter ses propositions sans crier de dégoût. Conclusion: d'esprit borné, Edouard n'aurait pas été capable de monter cette machination; d'esprit subtil, il n'aurait jamais pris un risque aussi grand que de se confier à une fille dont tout lui affirmait qu'elle pouvait le dénoncer immédiatement.

– Monsieur le commissaire, je serais disposé à partager votre avis, et pour bien des raisons, sans ce diamant...

– Je sais... Il est gênant pour Déborah, ce diamant... tellement gênant que je me demande comment cette fille intelligente a pu commettre la sottise de laisser dans son sac, à la vue de qui le fouillerait, une pièce à conviction qui la condamnerait sans appel.

– Alors?

– Alors, Plichancourt, j'ai le sentiment que depuis le début de cette affaire, quelqu'un nous fait aller où il veut, nous oblige à prendre les décisions qui lui conviennent...

– Et d'après vous, monsieur le commissaire, qui est ce « quelqu'un »?

– L'assassin, parbleu!


En s'asseyant à la table familiale, Ezéchias Puisserguier trouva, appuyée contre son verre, une lettre. Il la prit avec cette méfiance propre aux gens de la terre pour qui l'écriture garde toujours des allures de piège. Il examina soigneusement le tampon de la poste et annonça :

– Ça vient d'Annecy.

Les visages s'éclairèrent et il ajouta très vite :

– Mais ce n'est pas Déborah...

La maman se signa, craignant de mauvaises nouvelles. Ezéchias déchira l'enveloppe et se mit à lire :

*Monsieur... Je vous écris, bien que j'aie pas le plaisir de vous connaître, mais Déborah m'a souvent parlé de vous. Elle vous aime bien, c'est pour ça que je vous envoie cette lettre. Il faut que vous sachiez qu'on fait des misères à votre fille. Il y a eu un crime dans notre maison et aussi un vol. Les policiers, ils disent que c'est Déborah la coupable, mais nous, à l'office, on sait bien que c'est pas vrai. Seulement, on est pas assez forts pour la défendre, surtout que nos patrons, ils seraient plutôt soulagés que la police elle ait choisi un coupable qui fait pas partie d'eux. Vous me comprenez? Sans vouloir vous donner des ordres,*

*M. Edouard, le maître d'hôtel, Mme Agathe, la cuisi-*
*nière, et moi, on pense que vous feriez bien de venir.*
*Votre dévouée Monique Luzinay, femme de cham-*
*bre.*

Ruth Puisserguier dit seulement :

– Seigneur...

Ezéchias replia soigneusement la lettre et la glissa
dans l'enveloppe, la mit dans sa poche et dit, d'une
voix grave :

– Nous n'avons pas à manger quand quelqu'un
des nôtres est persécuté. Athanase, va t'habiller et
préparer ta valise, nous partons dans une heure.

Tous les renseignements que l'inspecteur Girelle
réussit à se procurer sur Edouard Bussus plaidè-
rent en faveur du maître d'hôtel. Ses anciens maîtres – peu nombreux – en firent l'éloge et avouèrent
ne s'être séparés de lui que pour des raisons
financières. Une discrète visite à son compte en
banque démontra qu'il ne possédait pas plus que ne
pouvait posséder un homme ayant travaillé toute sa
vie et ayant occupé des places bien rémunérées où,
en plus de son salaire, le gîte et le couvert lui
étaient assurés. Quant au pasteur de Saint-André-
de-Valborgne, prié de donner son avis sur la famille
Puisserguier et plus spécialement au sujet de Déborah, il écrivit un véritable panégyrique. A l'en croire,
les Puisserguier vivaient selon la loi du Seigneur et
méritaient de servir d'exemple à toutes les familles
françaises. Quant à Déborah, elle était de celles que,
dans les Ecritures, l'Eternel regarde d'un œil com-
plaisant, tant sa vertu, sa gentillesse, son courage, la
faisaient chérir de tous ceux qui l'approchaient.

Ayant lu ces rapports, Plichancourt dit simplement à son adjoint :

148

– Girelle, je crois que le commissaire a raison et que nous nous sommes fichus dedans.

Léon baignait dans la joie. Cependant, il tenait à s'assurer contre toute déception hypothétique.

– Mais le diamant?

– Je pense qu'on espérait vous le voir trouver, vous ou quelqu'un d'autre.

– En somme, j'ai été possédé?

– Nous avons été possédés, Inspecteur, mais le propre d'un bon policier est de ne point éprouver de fausse honte à reconnaître ses erreurs.

– Alors, on relâche Déborah?

Plichancourt hésita avant de décider :

– Pas tout de suite.

– Pourtant, vous venez de dire...?

– Le seul moyen qui nous reste de reprendre la direction des opérations est de laisser croire au criminel qu'il nous a eus. Si nous relâchons tout de suite Déborah, il va comprendre que nous ne sommes plus dupes. Alors, il faut aller vite... car nous ne pouvons garder la petite plus de vingt-quatre heures encore.


Les promeneurs qui passaient devant la gare regardèrent curieusement ces deux hommes dont l'un était nettement plus âgé que l'autre et qui, de pauvres valises aux mains, s'arrêtaient sur le trottoir de la station. On eût dit deux grandes bêtes sauvages éblouies par la lumière à la sortie de leurs retraites obscures. Ezéchias arrêta le premier passant rencontré :

– Monsieur, connaissez-vous l'avenue d'Albigny?

– Bien sûr.

– Pouvez-vous me dire où c'est?

L'obligeant promeneur, quelque peu impressionné par le ton et l'allure de cet homme, indiqua la direction qu'il devait prendre pour atteindre son but.

– Je vous remercie, monsieur, et je prierai l'Eternel pour qu'Il vous tienne compte de votre charité à l'égard de votre frère en Jésus-Christ.

Ezéchias et Athanase s'éloignèrent de leur long pas paysan, laissant désemparé celui qui les avait renseignés.

Le père et le fils – à qui il ne serait pas venu à l'idée d'emprunter un moyen de locomotion quelconque – remontèrent la rue Sommeiller, obliquèrent à droite dans la rue du Président-Favre, traversèrent la place de la Libération et, sans se soucier d'aller voir le lac de près, s'engagèrent sur l'avenue d'Albigny à la recherche de la villa Nantilly.

Monique Luzinay, qui leur ouvrit la porte, reconnut tout de suite les visiteurs. Elle dit :

– Vous êtes le père de Déborah ?

Ezéchias contempla un instant cette jeune femme et regretta qu'elle crût bon de se peinturlurer le visage.

– Oui, et voici Athanase, mon troisième fils.

Ce jeune colosse fit une profonde impression sur l'esprit romanesque de Monique.

– C'est moi qui vous ai écrit.

– Je vous dis merci, mademoiselle. Où est Déborah ?

Prise de court, la femme de chambre ne sut que répondre. Ezéchias répéta :

– Où est Déborah ?

– On... on l'a arrêtée.

Athanase gronda mais, d'un geste, son père lui imposa silence.

– Devons-nous comprendre qu'elle est en prison ?

Monique aurait bien voulu, elle, être ailleurs.

150

– Oui.

– Et ses maîtres l'ont laissé emmener?

– Ils étaient bien contents, même!

– Ce sont donc de mauvais maîtres?

– Ni pires ni meilleurs que les autres.

Sur ce, le maître d'hôtel survint.

– Qui sont ces messieurs, Monique?

– Le père et le frère de Déborah.

– Ah...

Edouard eut une prémonition des événements qui allaient suivre et tenta d'en arrêter l'enchaînement.

– Que désirez-vous, messieurs?

– Parler aux mauvais maîtres de Déborah qui ont permis qu'on l'emmène en prison.

– Ce n'est pas leur faute!

– Ils n'ont pas fait leur devoir. Où sont-ils?

Le maître d'hôtel comprit qu'il perdrait son temps à essayer de dissuader les Puisserguier.

– Ils se trouvent au salon, je vais les prévenir.

Les deux hommes lui emboîtèrent le pas. Au moment où Edouard levait le bras pour frapper à la porte, Ezéchias l'écarta.

– Celui qui n'agit pas mal ne craint pas d'être surpris dans ses occupations.

Et il ouvrit tandis que le maître d'hôtel, affolé, s'efforçait de passer avant eux, en vain.

En voyant apparaître ces hommes étranges, les Nantilly et les Gugney se figèrent sur leurs sièges. Cette intrusion dépassait leur entendement. Le premier, Georges réagit et, se levant, vint au-devant d'Ezéchias et de son fils.

– Qui êtes-vous? Que voulez-vous?

Une fois encore, Edouard voulut remplir ses fonctions, et se portant à la hauteur d'Ezéchias, commença :

– Je demande pardon à Monsieur, mais ce sont...

A cet instant, il se sentit saisi par-derrière et entraîné vers la porte qu'on referma sur lui, tandis que le plus âgé des deux hommes expliquait :

– Nous n'avons pas besoin d'intermédiaire.

Jamais encore quelqu'un ne s'était permis de se conduire de cette façon chez les Nantilly. Indigné, Georges cria :

– Non, mais chez qui vous croyez-vous?

– Chez des pharisiens!

– Hein?

– « Malheur à vous, scribes et pharisiens! Parce que vous ressemblez à des sépulcres blanchis qui paraissent beaux au-dehors, et qui, au-dedans, sont pleins d'ossements de morts et de toute espèce d'impuretés. Vous de même, au-dehors, vous paraissez justes aux hommes, mais au-dedans, vous êtes pleins d'hypocrisie et d'iniquité. »

Georges eut du mal à déglutir; Henriette gloussa d'effroi; Irène s'exclama : « C'est un peu fort! »; Armandine se signa et, fermant les paupières, parut se plonger dans une ardente prière; Jean-Jacques ricana et Patrick remarqua :

– Il est parfait, le bonhomme!

Georges Nantilly, exaspéré, s'écria .

– A la fin, allez-vous me dire qui vous êtes?

– Ezéchias Puisserguier, et voici mon troisième fils, Athanase. Nous sommes venus vous demander compte de ce que vous avez fait à ma fille.

– Vous le prenez de bien haut, monsieur, pour le père d'une voleuse!

Georges ne sut pas exactement ce qui lui arrivait et pourquoi il se retrouvait étalé de tout son long parmi les débris du service à café, les verres à liqueurs, les bouteilles se vidant sur le plancher.

152

Simplement, il avait l'impression que le mur d'en face était venu à toute vitesse à sa rencontre pour le frapper en plein visage. Il ne parvenait pas à coordonner ses idées. Henriette s'était évanouie. Irène hurlait. Mlle Armandine s'était mise à genoux et suppliait à haute voix Notre-Dame de Fourvière d'intervenir. Jean-Jacques jeta à Patrick :

– Je crois qu'on va faire un peu de sport, Pat...

– D'accord!

Confiants dans leurs muscles entraînés de sportifs accomplis, ils foncèrent sur les Puisserguier, Jean-Jacques choisissant Ezéchias pour adversaire, Patrick se ruant sur Athanase.

Plichancourt, Girelle et les quatre agents qui entrèrent s'arrêtèrent pile sur le seuil devant l'effrayant spectacle s'offrant à eux. On eût dit qu'une tornade était passée dans le salon. Georges Nantilly, assis, tenait son visage à deux mains. Irène baignait les tempes de son mari allongé par terre; Jean-Jacques, à genoux, d'une main précautionneuse, tâtait doucement son nez; Mlle Armandine priait et Henriette, évanouie, ne se souciait de rien. En dépit de son flegme, l'inspecteur-chef bafouilla :

– Mais... mais qu'est-ce... qu'est-ce qui se passe?

Fort courtois, Ezéchias répondit :

– Nous sommes venus, mon troisième fils Athanase et moi, pour nous renseigner sur le sort de ma fille Déborah.

– Vous avez une drôle de façon de demander des renseignements! Allez! qu'on les embarque! Et prévenez un docteur pour tout ce monde qui me paraît assez mal en point.

Au moment où les agents s'approchaient pour l'appréhender, Athanase leva le poing, mais son père le calma :

– Paix! Athanase! Paix!

Et face aux policiers, Ezéchias annonça :

– Nous irons avec vous parce que nous sommes les serviteurs de l'Eternel et que l'Eternel a dit de son serviteur : « Il annoncera la justice selon la vérité. Il ne se découragera point et ne se relâchera point, jusqu'à ce qu'il ait établi la justice sur la terre. »

Sous prétexte de renseignements à lui demander, l'inspecteur Girelle s'en fut rendre visite à Déborah. C'était la première fois qu'il se présentait devant elle depuis qu'on l'avait arrêtée. Il n'en menait pas large. Quand il la vit si belle, si digne, si simple, le cœur de Léon fondit littéralement. Il murmura :

– Déborah...

Elle leva les yeux.

– Déborah, je voudrais vous parler.

Elle se leva et s'approcha.

– On va sans doute vous remettre en liberté.

– Alors je rentrerai chez nous.

– Pourquoi?

– Parce que je ne suis pas faite pour vivre parmi tous ces menteurs, ces hypocrites, ces faux amis.

– Déborah... vous m'en voulez?

– « Si vous ne pardonnez pas aux hommes, votre Père ne vous pardonnera pas non plus vos offenses. »

Prenant son élan, l'inspecteur se lança dans un discours précipité et, sans reprendre haleine, expliqua son attitude à l'égard de la jeune fille, ce qu'il avait envisagé contre son devoir et pourquoi son devoir avait été le plus fort, son chagrin et les raisons pour lesquelles il n'avait pas assisté à son interrogatoire. Toujours aussi grave, Déborah dit doucement :

– Ce n'est pas ce que vous avez fait qui m'a

blessée, mais bien que vous ayez pu me croire capable de voler...

– Déborah, ne repartez pas dans votre pays...

– Pourquoi ne voulez-vous pas que je reparte?

– Parce que je vous aime.

Elle le regarda longuement et, sans sourire :

– Je ne repartirai pas.

Heureux, Girelle se mit à parler car, chez lui, la joie était bavarde. Il parla de ses projets et de son intention d'aller voir la famille de Déborah pour lui demander la main de la jeune fille. Il s'arrêta brusquement et s'écria :

– Mais que je suis sot! ce n'est pas la peine de me rendre dans vos montagnes, puisque votre père et votre frère Athanase sont là!

Surprise, elle répéta :

– Ils sont là?

– Monique Luzinay leur a écrit ce qui vous était arrivé et ils sont venus pour vous délivrer.

Joyeuse, elle s'enquit :

– Où sont-ils?

– En prison.


VIII


L'inspecteur-chef Plichancourt expliquait à son adjoint :

– L'arrivée des deux Puisserguier a fiché nos plans par terre. Nous n'avons plus de raison de retenir Déborah. Vous allez vous rendre chez les Nantilly sous prétexte d'enregistrer leur plainte contre ceux qui les ont rossés, mais tâchez d'être assez habile pour les persuader qu'ils feraient preuve d'intelligence en pardonnant. A mon avis, ces Puisserguier ont eu assez d'ennuis comme ça.

Pour se donner du cœur au ventre en vue d'effectuer une démarche difficile, Girelle s'en fut voir les deux prisonniers. Il les trouva aussi calmes, aussi impassibles que s'ils étaient devant leur porte en train de se chauffer au soleil.

– Monsieur Puisserguier... Je suis l'inspecteur Léon Girelle.

Ezéchias, de sa belle voix de prophète, s'enquit :

– Inspecteur de quoi?

– Mais... de police.

– Je n'ai rien à faire avec la police.

– Votre présence en ce lieu vous prouve le contraire, non?

– Le malheur du juste ne démontre pas la vérité de l'injustice.

Léon préféra changer de sujet de conversation.

– Je suis venu vous annoncer que votre fille allait être relâchée.

– Pourquoi?

– Pourquoi... quoi?

– Monsieur, si vos amis et vous avez enfermé ma fille, c'est que vous l'avez jugée coupable... alors, pour quelle raison la libérez-vous?

– Parce que nous pensons qu'elle a été injustement soupçonnée.

– Et vous estimez, monsieur, que cela suffit? Vous déshonorez ma fille et vous vous en lavez les mains, comme Ponce-Pilate devant la condamnation de Jésus?

– Mais Déborah n'est pas déshonorée!

– C'est vous qui le dites, parce que vous êtes un homme de la ville, sans moralité ni vertu. Chez nous, personne ne voudra prendre pour épouse une fille qui aura été en prison.

156

– Chez vous peut-être, mais chez nous sûrement pas! La preuve, c'est que, moi, j'aime votre fille, que je voudrais l'épouser et que je profite de l'occasion pour vous demander sa main!

– Vous vous moquez d'un homme enfermé comme une bête malfaisante?

– Je ne me moque pas, monsieur Puisserguier: j'aime Déborah et je voudrais l'épouser.

– Et elle? Qu'est-ce qu'elle en dit?

– Je pense qu'elle serait d'accord.

– Ainsi, elle a osé fréquenter un garçon sans solliciter ma permission.

– Vous étiez loin.

– Ce n'est pas une excuse!

– Mais nous n'avons rien fait de mal!

– Déborah s'est autorisée à vous écouter sans requérir mon avis, ni celui de sa mère.

– Elle est majeure, que diable!

– Votre loi, monsieur, n'est pas la mienne. Déborah doit m'obéir. Dès que nous sortirons d'ici, je la ramènerai chez nous et elle n'en sortira plus. D'ici là, je vous ordonne de la laisser tranquille, sinon...

– Sinon?

– Sinon, je vous casserai les reins, monsieur.

En se rendant chez les Nantilly, Girelle se disait que ce n'était pas du tout cuit et que son mariage éventuel semblait devoir présenter pas mal de difficultés. Ce Puisserguier et son fils étaient des drôles de corps qui prétendaient vivre, en plein XXᵉ siècle, comme on vivait au Moyen Age. Déborah oserait-elle passer outre aux défenses paternelles? Il ne s'en avouait pas du tout certain.

L'inspecteur fut introduit dans la chambre où Georges Nantilly – veillé par sa femme – se remettait de la raclée infligée par Ezéchias. Mme Nantilly, lui montrant le malade, s'exclama :

– N'est-ce pas une honte de voir son mari dans un état pareil? J'espère que ces deux misérables vont pourrir en prison! Jean-Jacques a le nez cassé et Patrick la mâchoire fêlée. Ma fille a eu une crise de nerfs épouvantable et notre malheureux Edouard a dû être soigné par Agathe, car il avait une forte fièvre...

– Je suis là, madame, pour recueillir la plainte de M. Nantilly, ce qui nous permettra d'instrumenter contre les Puisserguier.

Georges se redressa dans son lit.

– Allez-y! Dites-moi ce que je dois faire?

– Auparavant, monsieur, je dois attirer votre attention sur certains points.

– Ah?

– D'abord, nous allons libérer Déborah, car nous sommes convaincus de son innocence et qu'elle a été victime d'une machination.

– Et alors?

– Et alors, cela nous oblige à poursuivre notre enquête ici.

Henriette gémit :

– Ce n'est donc pas fini?

– Ce n'est même pas commencé, madame. Or, jusqu'à maintenant, nous sommes parvenus à travailler dans la plus grande discrétion. Personne, dans Annecy, ne se doute que la villa Nantilly abrite un assassin... Si vous déposez plainte contre les Puisserguier, il nous faudra dire à la presse pourquoi nous les avons arrêtés et, dès lors, ce que nous espérions garder secret le plus longtemps possible va tomber dans le domaine public... Une bien fâcheuse publicité pour vous tous, surtout au moment où vous connaissez les uns et les autres de graves difficultés financières.

Les deux époux se consultèrent du regard et Georges s'enquit timidement :

– Qu'est-ce que vous nous conseillez, monsieur l'inspecteur?

– A votre place, je tiendrais cette bagarre pour un événement mineur que je m'efforcerais d'oublier. Considérez qu'il s'agit d'un accident imprévisible dont vous avez été les victimes... Sans compter que, si la chose était connue, ce ne serait pas très flatteur pour votre fils et votre gendre. On risquerait de rire dans Annecy de ces deux champions corrigés par deux paysans... Voilà mon avis, monsieur, puisque vous m'avez fait l'honneur de le solliciter.

Henriette ne se rendit pas tout de suite.

– Enfin, il n'est pas possible que ces deux brutes s'en tirent comme cela!

– Il vous appartient de décider, madame. Je crains seulement que le désir – tout à fait légitime – de vous venger de vos agresseurs ne fasse de vous les principales victimes. Je vous laisse réfléchir. Je me rends à l'office où vous voudrez bien me donner votre réponse.

A l'office, Girelle rencontra Edouard, Agathe et Monique. Après s'être renseigné sur l'état de santé du maître d'hôtel, qui fut touché de cette marque d'intérêt, l'inspecteur annonça :

– Je vous apporte une bonne nouvelle : Déborah sera de retour aujourd'hui parmi vous. Nous sommes persuadés qu'elle n'est pour rien dans les tristes événements qui ont eu cette maison pour théâtre.

Monique, joyeuse, battit des mains.

– J'en étais sûre!

Agathe fit chorus.

159

– Nous tâcherons de lui faire oublier les heures pénibles qu'elle vient de vivre.

Toujours solennel, Edouard réclama des précisions.

– Pardonnez-moi, monsieur l'inspecteur... Auriez-vous résolu l'énigme de la présence de ce diamant dans le sac de Déborah?

– Mes chefs et moi-même sommes arrivés à cette conclusion : quelqu'un s'est glissé dans la chambre de Déborah et a placé ce diamant dans son sac à seule fin de détourner les soupçons sur elle. Si, par hasard, l'un de vous, dimanche matin, avait vu, à l'étage des domestiques, quelqu'un qui n'avait nulle raison de s'y trouver... alors, nous aurions une piste.

Mme Nantilly poussa la porte de l'office.

– Monsieur l'inspecteur, mon mari et moi, après avoir pris l'avis de notre fils et de notre gendre, avons décidé de pardonner à ces deux brutes pour compenser ce que Déborah a pu endurer en se voyant arrêtée. Vous pouvez dire à vos chefs que nous ne déposons pas plainte.

On libéra Déborah en même temps que son père et son frère, non sans conseiller à ces derniers de regagner au plus vite leurs Cévennes natales.

La rencontre de Déborah avec son père et son frère eut lieu dans le bureau de l'inspecteur-chef Plichancourt. La jeune fille, heureuse, se précipita vers Ezéchias.

– Père!...

Mais le chef des Puisserguier la repoussa.

– Déborah, est-il vrai que vous aimez ce garçon?

Du doigt, il désignait Girelle qui n'en menait pas large.

– Je ne sais pas encore, père.

– Alors, pourquoi et de quel droit a-t-il osé me demander votre main?

– Parce que, lui, il m'aime.

– Comment le savez-vous?

– Il me l'a dit.

– Et vous l'avez écouté?

– Cela me faisait plaisir.

– Et vous n'avez pas honte?

– Mais, père, si je veux me marier il faudra bien que je parle avec celui qui souhaitera m'épouser?

– Pas avant que vous ne m'en ayez demandé la permission! Vous auriez l'audace de choisir un homme que votre mère, vos frères, vos sœurs et moi ne connaîtrions pas?

– Père, ce n'est ni vous, ni mes sœurs, ni ma mère, ni mes frères qui devront vivre avec celui qui sera mon époux!

– Déborah, n'auriez-vous plus confiance dans le jugement de votre père?

Parce que, sans le savoir, Déborah était amoureuse, pour la première fois, elle refusait de plier sous le joug paternel.

– Père, pardonnez-moi, je n'épouserai que celui que j'aurai choisi moi-même.

Ezéchias redressa sa haute taille.

– Fille impie, vous avez oublié qu'il a été dit : « Eternel, répands tes bienfaits sur les bons et sur ceux dont le cœur est droit! Mais ceux qui s'engagent dans les voies détournées, que l'Eternel les détruise avec ceux qui font le mal! » Venez, Athanase... Je ne vous connais plus, Déborah, et désormais nul des miens ne vous connaîtra plus.

Il sortit sans se retourner, suivi de son fils qui, au passage, furtivement, serra la main de sa sœur.

Les deux hommes partis, Déborah pleura en

silence. Ni Plichancourt ni Girelle n'osèrent la consoler. Au bout d'un moment, elle se leva de sa chaise où elle s'était assise. L'inspecteur-chef demanda :

– Vous rentrez chez les Nantilly?

Elle écarta les bras dans un geste désespéré :

– Où voulez-vous que j'aille à présent?

Léon regarda son chef qui, d'un hochement de tête, l'autorisa à raccompagner la jeune fille.

Après le départ de l'inspecteur Girelle, les domestiques étaient restés à l'office. Monique résuma l'impression générale :

– Quand je pense qu'il y a un assassin sous ce toit, j'ai envie de ficher le camp!

Edouard tenta de la calmer :

– Il n'y a aucune raison pour qu'il s'en prenne à vous.

– Il s'en est bien pris à Déborah!

– Désormais, quand nous quitterons nos chambres, nous fermerons nos portes à clef.

Pour soutenir leur moral, Agathe offrit à ses amis et collègues de boire un peu de porto. Ils acceptèrent avec plaisir. Le maître d'hôtel buvait lorsque, subitement, ses yeux se dessillèrent. Les autres le regardèrent avec inquiétude lorsqu'il reposa son verre comme un homme frappé d'une idée soudaine et horrible. Agathe, alarmée, s'écria ;

– Qu'avez-vous, monsieur Edouard?

Il répondit d'une voix sourde :

– Maintenant, je me rappelle... Dimanche matin, tandis que vous prépariez le repas, madame Agathe, et vous, Monique, alors que Déborah était partie chercher la pâtisserie, je suis monté dans ma chambre et, en atteignant notre étage, j'ai rencontré quelqu'un qui n'avait rien à y faire...

– Qui?

– C'est trop grave, Monique... trop grave. Je ne peux pas vous dire de qui il s'agissait... Je n'ai pas le droit de jeter la suspicion sur cette personne sans être sûr...

Monique s'emporta :

– Mais c'est stupide! Vous avez entendu l'inspecteur? Vous devez prévenir la police tout de suite!

Agathe, sur un ton plus posé, approuva la jeune femme.

– Elle a raison, monsieur Edouard. Téléphonez aux policiers.

– Non.

– Pourquoi?

– Parce que, mademoiselle Monique, depuis plus de trente ans que je sers, je n'ai jamais trahi un seul de mes maîtres. Jamais. Et je ne vais pas commencer aujourd'hui, alors que je suis en fin de carrière.

– Même si c'est un assassin?

– Je veux en être certain d'abord.

– Et comment le saurez-vous?

– En allant lui demander.

– Et vous pensez qu'il vous avouera son crime?

– Non, mais il me confiera ce qu'il faisait à l'étage des domestiques dimanche matin.

L'arrivée de Déborah interrompit la joute oratoire entre Monique et Edouard. On lui fit fête et le maître d'hôtel s'en fut prévenir Mme Nantilly du retour de la jeune fille. Henriette, compatissante, recommanda à Edouard de bien la soigner et de la dispenser de travail pour la journée. Mlle Armandine appela la femme de chambre chez elle et lui fit cadeau d'un petit collier de corail qu'elle portait dans sa jeunesse. Seuls les Gugney et Jean-Jacques lui montrèrent grise mine d'avoir un père et un

163

frère aussi solides, mais quand ils surent, par l'intermédiaire à qui Déborah s'en était ouverte, que Puisserguier avait chassé sa fille, ils se montrèrent plus gentils à son endroit et Mme Nantilly qui, au début, estimait ne pouvoir garder à son service quelqu'un dont les parents rossaient les siens, décida d'offrir à Déborah le foyer qu'elle avait perdu.

Girelle avait obtenu de sa bien-aimée qu'elle sortît un moment, vers 18 h 30, pour lui apprendre comment elle avait été reçue. Le congé que lui accordait Mme Nantilly permit à Déborah d'annoncer à Léon qu'elle avait deux heures de liberté devant elle.

Alors, les deux jeunes gens ne se soucièrent plus des crimes et des pères abusifs. S'étant battue pour défendre sa tendresse, Déborah savait maintenant qu'elle aimait Léon. Quant à Girelle, persuadé qu'à cause de lui la petite était désormais seule au monde, son amour s'augmentait d'une obligation morale. Il ne pouvait abandonner Déborah. Ensemble, ils partirent d'un pas vif et, désireux de s'écarter des autres, de s'en éloigner le plus vite possible, ils traversèrent le Champ-de-Mars, le Pont des Amours – dont le seul nom les fit rire, gênés –, puis le Jardin Public, atteignirent la place au Bois et ralentirent leur allure quand ils entrèrent dans la rue des Marquisats. Ils l'abandonnèrent bientôt pour s'engager à droite, dans l'avenue de Trésum, passèrent le long du grand séminaire, reprirent la direction de la ville en empruntant le chemin de la Tour de la Reine et arrivèrent à la place du Paradis. Ils s'y arrêtèrent longuement. L'heure était douce, lumineuse et la ville haletait à leurs pieds, pareille à un gros animal qui se tasserait sur lui-même pour dormir. Déborah dit :

– En ce moment, mon père est dans le train et je suis sûre qu'il ne parvient pas à dormir. Il a le cœur trop lourd... comme moi.

Son compagnon prit sa main dans la sienne.

– Votre père vous pardonnera.

– Vous ne le connaissez pas!

– Il vous aime pourtant?

– Il aime mieux le Seigneur, et ceux qui ne vivent pas selon les Ecritures, il ne les regarde pas ou il ne les regarde plus.

– Déborah... si vous voulez devenir ma femme... dès que j'aurai ma promotion qui doit intervenir d'ici deux ou trois mois... nous irons à l'Hospitalet voir vos parents.

– Ils ne nous recevront pas.

– Nous verrons bien... Peut-être y aura-t-il quelqu'un pour plaider notre cause?

La jeune fille s'exclama:

– M. Vervant! Comment n'y ai-je pas pensé plus tôt?

– Qui est-ce?

– Le pasteur de Saint-André-de-Valborgne, le seul homme que mon père écoute... le seul dont il accepte les conseils qu'il suit... quelquefois...

– Il faut lui écrire tout de suite!

– Je le ferai dès demain.

Subitement rassurés, ils ne furent plus qu'au bonheur d'être ensemble.

La nuit était déjà avancée lorsqu'ils redescendirent vers Annecy par le Crêt du Maure, la place des Balmettes, le faubourg des Balmettes, le faubourg Sainte-Claire, la rue du même nom, la rue de la République, la rue Royale, la rue du Pâquier, la place de la Libération et l'avenue d'Albigny.

Au moment de quitter Déborah, Léon se risqua à vouloir l'embrasser. Elle le repoussa gentiment.

– Pas encore... C'est trop tôt.

De retour dans sa chambre, Girelle eut du mal à s'endormir tant il avait l'esprit enfiévré. Il finit, cependant, par sombrer dans un sommeil sans rêve d'où il fut tiré par des coups violents frappés à sa porte. Il crut qu'il venait à peine de fermer les yeux et constata, un peu confus, qu'il était 7 heures du matin. Il cria :

– J'arrive !

Il sauta de son lit, passa rapidement une robe de chambre et s'en fut ouvrir à un agent.

– Monsieur l'inspecteur, excusez-moi de vous déranger. C'est M. l'inspecteur-chef qui m'envoie.

– Qu'est-ce qu'il veut ?

– Il demande que vous le rejoigniez le plus vite possible à la villa Nantilly.

– Vous savez pourquoi ?

– A cause du maître d'hôtel.

– Qu'est-ce qu'il y a ?

– Il est mort.

– Mort ?

– On lui a défoncé le crâne.


La première chose que Girelle vit, en entrant dans la villa, fut Henriette Nantilly, effondrée sur une banquette du hall et à qui Monique faisait respirer des sels. La jeune bonne s'écria :

– J'arrive pas à la ramener... Elle ouvre un œil et plouf ! elle repart...

– Qu'a-t-elle ?

– Ce qu'elle a ? Vous en avez de bonnes, vous, alors ! La villa devient un véritable abattoir et vous ne comprenez pas que ça puisse la ficher en l'air, cette pauvre bonne femme ? A moins que vous ne trouviez normal qu'on se tue un peu partout ici ? Il ne faudrait quand même pas oublier que nous en sommes au troisième cadavre.

– D'accord... Où est l'inspecteur-chef?

– Derrière la maison, à l'entrée de service.

Girelle s'y rendit. Ses collègues de l'identité et tous les magistrats se trouvaient là. Le commissaire Mosnes s'était déplacé. Il y avait aussi deux journalistes dont un reporter-photographe. On ne pouvait plus les empêcher de faire leur métier. Plichancourt, qui discutait avec Mosnes, reçut Léon en lui disant :

– Mauvais pour votre petite amie, inspecteur. A peine l'a-t-on relâchée qu'il y a un nouveau crime.

– Mais Déborah est sortie avec moi et nous sommes restés ensemble jusque vers 23 heures!

– Malheureusement, d'après le médecin légiste, le crime a été commis vers 1 heure du matin.

– Et que faisait Edouard à cette heure-là, dehors?

– Pas difficile à deviner. Il avait rendez-vous.

– Avec qui?

– Avec son meurtrier, pardi!

– Enfin, c'est incroyable qu'il ne se soit pas méfié!

– A moins qu'il n'ait pas cru qu'on oserait le frapper? Si vous voulez mon avis, Girelle, je pense que c'est ainsi que les choses se sont passées... Edouard Bussus s'est rendu auprès de quelqu'un dont il estimait n'avoir rien à craindre.

– Il se trompait.

– Il s'en est aperçu trop tard, le pauvre diable...

Lorsque les magistrats se furent retirés, Plichancourt et son adjoint purent se mettre au travail.

Ils commencèrent par interroger Déborah qui ne leur fut pas d'un grand secours. Elle était rentrée et s'était couchée aussitôt. Son réveil l'avait tirée du sommeil et c'est à 7 heures, en entrant dans l'office, qu'elle avait appris la mort du maître d'hôtel que la cuisinière venait de découvrir.

Avec Monique, Plichancourt et Girelle eurent plus de chance. Sitôt qu'elle se trouva en leur présence, la femme de chambre s'exclama :

– S'il m'avait écoutée, ça ne lui serait pas arrivé, mais avec ses idées d'autrefois...!

Priée de s'exprimer plus clairement, Monique rapporta la scène qui avait eu lieu à l'office et au cours de laquelle Edouard avait révélé qu'il se rappelait quelqu'un qui, le dimanche matin, se trouvait à l'étage des domestiques où il n'avait aucune raison de se trouver, sinon pour glisser un diamant dans le sac de Déborah.

Girelle respira. Post-mortem, le maître d'hôtel lavait sa bien-aimée de tout soupçon. Plichancourt en était également heureux.

– Il ne vous a pas confié de qui il était question?

– Pensez-vous! « Je n'ai jamais trahi un de mes maîtres depuis que je sers et ce n'est pas maintenant que je vais commencer », racontait-il. J'ai l'impression que c'est le maître qui l'a trahi, non?

– Sans aucun doute. Et que comptait-il faire?

– Parler à la personne qu'il soupçonnait et lui réclamer des éclaircissements. Il estimait qu'il était de son devoir de se comporter de la sorte avant de prévenir la police. Voilà ce qu'il y a gagné! Et quand je pense que, comme je lui avouais que j'avais une sacrée envie de faire ma valise, il m'a assurée que je ne craignais rien! S'il a vu aussi clair pour moi que pour lui, je n'ai plus qu'à rédiger mon testament!

– Ou à quitter cette maison?

La jeune femme hésita quelques secondes, puis :

– Je reconnais que si j'étais raisonnable, je file-

168

rais. Seulement, bien qu'on ne se soit entendu sur rien, je l'aimais bien, le père Edouard... Alors... il me semble que je dois rester pour aider à coincer son assassin... si, toutefois, je peux me rendre utile ?

– Sûrement, et je vous félicite, mademoiselle, pour votre courage.

– Oh ! vous savez, le courage, je n'en ai pas tellement. Entre nous, j'ai une trouille terrible !

– C'est d'autant plus méritoire de rester. Voulez-vous nous envoyer Mlle Vieillevigne ?

Agathe fit un récit pratiquement semblable à celui de Monique quant à l'attitude du maître d'hôtel. Elle témoigna d'originalité en revivant le moment où elle avait découvert le cadavre d'Edouard :

– Tous les matins, c'est moi la première levée... Je prépare le café pour les femmes de chambre – cette jeunesse a besoin de dormir – et pour M. Edouard qui aimait que je le serve sitôt qu'il entrait. Après, je fais ma cuisine. Alors, ce matin, j'ai bien été surprise de ne pas voir arriver M. Edouard. J'ai envoyé Monique frapper à la porte de sa chambre. Comme on ne répondait pas, elle est entrée et elle a vu que le lit n'était pas défait. Alors, après ce qu'il nous avait dit de ses intentions, on a commencé d'avoir peur. On se demandait où était notre devoir. Téléphoner à la police ou prévenir Monsieur ? Et puis, je ne sais pourquoi il m'a semblé qu'on frappait à la porte de service. Je suis allée ouvrir et, la tête pleine de sang... étalé sur le gravier... ce pauvre homme. Heureusement, que je suis d'une forte constitution, parce que c'était un coup à me faire mourir raide. Je ne comprends même pas comment mon cœur n'a pas lâché.

– Dites-moi, madame Vieillevigne, avait-on réellement frappé à la porte ?

— Pas de la façon dont vous l'entendez.

— C'est-à-dire?

— Eh bien! moi, je crois que c'est l'âme de M. Edouard qui a tapé à la porte pour attirer notre attention.

— Oui... Et après, qu'est-ce qui s'est passé?

— Les petites se sont mises à crier pendant que je m'asseyais pour me remettre. Heureusement que j'ai toujours une bouteille de génépi pour me réconforter dans ces moments-là! Alors, les patrons sont arrivés. M. Jean-Jacques le premier... Les autres ont suivi.

— Merci, madame Vieillevigne. Je vous remercie, vous aussi, mesdemoiselles, vous nous avez beaucoup aidés.

En quittant l'office, Plichancourt passa son bras sous celui de Girelle:

— Je suis heureux, mon petit, que votre Déborah ne puisse être à nouveau soupçonnée. Pour moi, il ne fait pas de doute qu'Edouard a découvert le meurtrier et ses propres paroles éliminent les domestiques. C'est toujours ça d'acquis. Penser que l'assassin est là, à quelques pas de nous, et que nous ne pouvons pas lui mettre la main au collet, ça me fiche les nerfs en pelote. Cependant, je crois qu'il a commis cette nuit l'imprudence qui le perdra. En tout cas, ce qu'Edouard a découvert, nous devons être capables de le découvrir, non? Et maintenant, allons bavarder avec cette intéressante famille.

Les policiers eurent la chance de trouver, une fois encore, les Nantilly, les Gugney et la tante réunis, car les hommes avaient été si cruellement marqués par les coups des Puisserguier qu'ils ne tenaient pas à mettre le nez dehors. En les voyant, Plichancourt eut l'impression qu'il y avait quelque chose de changé. Il ne put se tenir d'en faire la réflexion.

– Ça ne va pas ?

Ils le regardèrent, puis Jean-Jacques répondit avec une légèreté affectée :

– Tout va bien, au contraire, inspecteur... On tue notre oncle, quoi de plus normal ? On tue la bonne qui avait eu des histoires à la maison, pourquoi s'en faire ? Enfin, on écrabouille le crâne de notre maître d'hôtel... Cela se passe dans les meilleures familles, n'est-ce pas ? Alors pour quelle raison en montrerions-nous de l'humeur ?

– Monsieur Jean-Jacques, je doute que ce soit exactement le moment le mieux choisi pour plaisanter.

– Commencez donc par ne pas poser de questions stupides !

– D'accord et je commence tout de suite. L'un ou l'une d'entre vous a-t-il une idée sur le drame qui a eu lieu cette nuit ?

Personne ne répondant, l'inspecteur-chef insista :

– Pas le plus léger soupçon ?

Irène avança :

– Je pense, monsieur l'inspecteur, qu'il ne vous aura pas échappé que ces meurtres se produisent toujours lorsque Déborah est là.

– Permettez-moi de vous faire remarquer qu'elle n'est pas seule dans la maison...

– Peut-être, mais il n'empêche qu'il a suffi qu'elle revienne pour qu'un nouveau crime soit commis !

Girelle voulut répondre, mais d'un geste Plichancourt l'arrêta.

– Madame, je tiens à vous rassurer...

Tranquillement, il leur apprit la démarche que se proposait de faire le maître d'hôtel, démarche qui devait le conduire à la mort. Il conclut :

– Vous voyez, madame, qu'il ne saurait être question de Déborah. Par contre, il apparaît évident que l'assassin doit être recherché parmi vous.

Henriette s'indigna :

— Comment osez-vous dire une pareille absurdité!

Patient, le policier expliqua :

— En prenant les autres domestiques pour confidents de ses projets, Edouard Bussus les a pratiquement mis hors de cause. Je le répète, madame : l'assassin de Jérôme Manigod, de Suzanne Nanteau et de Edouard Bussus est un des vôtres.

Butée, Mme Nantilly s'exclama :

— Et pourquoi pas moi pendant que vous y êtes?

— C'est une hypothèse que je n'exclus pas, madame.

— Oh!

— Et maintenant, je pose la question à vous tous qui êtes ici : quel est celui d'entre vous qu'Edouard a surpris dimanche matin à l'étage des domestiques, sortant de la chambre de Déborah? Autrement dit, qui, de vous tous, est l'assassin?

Personne ne troubla le silence qui suivit. Girelle percevait le bruit de leur respiration et se disait que, peut-être, en prêtant bien l'oreille, on pourrait découvrir le coupable à son rythme respiratoire, mais ce ne serait là jamais qu'un indice... Plichancourt attendit un assez long moment, puis :

— Je n'espérais pas que l'un de vous se porte volontaire pour l'échafaud... et pourtant, je l'y conduirai un jour ou l'autre.

Georges protesta :

— Vous êtes monstrueux, inspecteur.

— Monsieur Nantilly, je suis d'un naturel patient, mais il y a des limites. Je vous conseille de ne pas les franchir. Et, maintenant, je m'adresse au tueur :

172

en assassinant Edouard Bussus vous avez enclenché le processus qui m'amènera à vous passer les menottes. Ce n'est plus qu'une question de temps. Vous venez, Girelle?

Dans le hall, Léon aperçut Déborah. Il alla lui glisser quelques mots tendres. Puis il parla à nouveau de la mort du maître d'hôtel et de la difficulté de démasquer le coupable. La jeune fille se contenta de lui répondre :

– Le vrai méchant, celui pour qui l'Eternel n'aura pas de pitié, n'est pas celui qui crie et qui injurie et qui lève le poing, mais celui qui sourit et embrasse celui dont il veut la perte. Judas renaît chaque jour, pour nos péchés.

Attablés à la *Taverne du Centenaire*, place de la Gare où il avait ses habitudes, Plichancourt buvait, en compagnie de son adjoint, un verre de Crépy en mangeant un morceau de Beaufort. Ni l'un ni l'autre n'avait eu le temps de déjeuner. Girelle avait fidèlement rapporté à son chef la dernière remarque de sa fiancée et les deux hommes la commentaient. Plichancourt remarqua :

– Une curieuse personne, votre Déborah. On a le sentiment qu'à force de vivre en contact étroit avec les Ecritures, elle ne sait plus s'exprimer que par paraboles avec une tendance très nette à prophétiser... Notez que je ne doute pas que cela n'ait son charme, mais quotidiennement, ce doit être... curieux, non?

– Déborah est une fille exceptionnelle!

– Je ne prétendais pas dire autre chose. A votre avis, qu'a-t-elle voulu vous faire entendre?

– Que l'assassin n'était pas forcément celui qui, avec nous, se montrait le plus agressif, le plus amer.

– Voilà qui élimine Jean-Jacques Nantilly, ne croyez-vous pas?

– Si.

– Restent donc Patrick et Georges, car je n'imagine pas que les femmes...

– Irène Gugney, peut-être?

Plichancourt secoua la tête.

– Non. Vous l'avez vue? C'est une mauviette. Or, les victimes ont été frappées avec une force indéniable dont les trois femmes de la villa sont, apparemment, incapables. Pour moi, entre Georges et Patrick, j'opterais plutôt pour le premier.

– Pourquoi?

– Parce que Georges a une situation plus importante que celle de son gendre à défendre... une réputation aussi... Patrick en faillite, c'est un accident désagréable pour la famille, mais rien qu'un accident, tandis que l'écroulement de Georges serait une catastrophe irréparable... J'attends avec curiosité ce qui se passera le jour de l'échéance où Georges devra se déclarer incapable de verser les millions qu'il doit...

– Peut-être l'assassin se portera-t-il à son secours?

– Alors, nous le tiendrons.


# IX


M. David Vervant, pasteur de Saint-André-de-Valborgne, montait péniblement les chemins pentus menant à l'Hospitalet. La lettre de Déborah l'avait bouleversé. Il aimait beaucoup la fille aînée des Puisserguier qui, à ses yeux, répondait à tout ce qu'un homme de religion peut souhaiter parmi ses ouailles. Il savait que si elle avait vécu au temps des persécutions, elle aurait été de celles qui résistèrent jusqu'au bout et préférèrent mourir dans leur foi à vivre en se reniant. Il avait été indigné de lire que sa petite Déborah avait été jetée en prison comme une malfaitrice et il appelait la colère de Dieu sur ses tyrans n'hésitant point à tenter de briser la réputation d'êtres aussi purs que Déborah. Le récit de l'attitude d'Ezéchias l'avait fait gronder de colère. Pour qui se prenait-il, à la fin, Ezéchias? Pour Dieu le Père? Il s'imaginait vivant encore au XVIIᵉ siècle! Il devait posséder assez de confiance dans sa fille pour être persuadé qu'elle ne commettrait jamais rien de mal. S'il en doutait, c'est qu'il ne la connaissait pas! Et s'il ne la connaissait pas, de quoi se mêlait-il?

Suant, soufflant, le pasteur parvint à l'Hospitalet à l'heure la plus chaude et, avant de pousser la porte des Puisserguier, il s'essuya le visage avec un magnifique mouchoir à carreaux jaunes et rouges, don d'une paroissienne plus pieuse que femme de goût.

Les Puisserguier achevaient de déjeuner. Ils se levèrent pour recevoir le pasteur. Ruth lui demanda s'il avait mangé. Il répondit qu'il n'avait pas faim, mais qu'il boirait volontiers un verre d'eau. Agar le servit et il lui fit compliment sur sa bonne mine. Ayant bu, il déclara :

– Je suis monté parce que j'ai reçu une lettre de votre fille aînée.

Ezéchias regarda Agar avec une feinte stupéfaction.

– Vous avez écrit au pasteur, Agar?

La petite baissa la tête sans répondre. M. Vervant,

qui n'avait pas encore percé à jour la comédie de son hôte, crut bon de préciser :

– Ce n'est pas d'Agar que je parle, Ezéchias, mais de votre fille aînée.

– Agar est ma fille aînée.

Le pasteur le contempla, incrédule.

– Vous vous moquez de moi ou quoi ?

– Agar est ma fille aînée depuis que l'autre est morte.

– Je n'ai pas entendu dire que Déborah soit morte, grâce au Ciel !

– Pour moi, c'est tout comme.

M. Vervant vit Ruth qui s'essuyait discrètement les yeux avec un coin de son tablier. Il tapa sur la table.

– Ça rime à quoi les sottises que vous osez prononcer devant votre femme et vos enfants, Ezéchias ?

– Déborah n'a pas respecté son père, et l'enfant qui ne respecte pas son père ne mérite plus d'avoir un père.

– En quoi vous a-t-elle manqué ?

– En s'autorisant à fréquenter un garçon sans m'en demander la permission.

– Que vous lui auriez refusée ?

– Que je lui aurais refusée.

– Et pour quelle raison ?

– Parce que je ne tolérerai pas qu'elle épouse un homme qui ne soit pas d'ici.

– Elle a donc bien fait de se passer de votre permission.

Chacun s'arrêta de respirer dans l'attente de la réaction paternelle. Ezéchias repoussa brutalement son couvert et déclara d'une voix sourde :

– Je vous respecte, monsieur Vervant, mais je

n'accepterai pas que vous veniez chez moi pour prêcher la révolte.

– Je n'ai à demander ni à solliciter l'autorisation de personne pour porter la parole de l'Eternel, surtout à ceux qui se figurent la comprendre et qui ne la comprennent pas, car ils ont trop d'orgueil!

– Prenez garde, monsieur Vervant!

– A quoi?

– A ce que je vous interdise ma maison!

– Alors, je vous interdirai le Temple, car le Temple n'est pas fait pour recevoir les orgueilleux qui interprètent les Textes au profit de leur vanité! Vous ne me ferez pas peur à moi, Ezéchias Puisserguier. Je vous aime bien et je vous connais depuis longtemps, mais ce n'est pas là une raison pour que je vous laisse proclamer que votre injustice est la justice et votre tyrannie de l'amour! Prenez garde qu'un jour tous ceux-là, ne pouvant plus supporter votre joug, ne se perdent à travers le monde! Alors, vous serez seul responsable de leurs éventuels égarements!

– L'Eternel a dit...

– Ce n'est tout de même pas à moi que vous allez apprendre ce qu'il dit, l'Eternel!

Maté, Ezéchias ressemblait à un fauve reculant peu à peu devant le dompteur tout en feulant et en faisant mine d'être porté à se jeter sur son adversaire. Les enfants et la mère ne pouvaient détacher leurs yeux du père qu'ils voyaient sous un nouveau jour.

– Vous cherchez à m'humilier devant les miens en donnant raison à l'insoumise!

– Je cherche à vous rendre humble, à vous persuader que les desseins de Dieu ne nous apparaissent pas toujours clairement et que nous devons nous soumettre à Sa Volonté. Oseriez-vous assurer que ce n'est pas Lui qui a conduit ici Mme Puget, afin que Déborah aille à Annecy et qu'elle y rencontre ce jeune homme?

Ezéchias ricana:

– Toutes les filles qui tournent mal pourraient, dans ce cas, invoquer les mêmes excuses!

Le pasteur se leva:

– Vous devriez avoir honte, Ezéchias Puisserguier, de blasphémer devant tous les vôtres! Quel orgueil malsain vous possède donc pour vous faire dire des choses aussi monstrueuses? Je l'affirme devant sa mère, ses frères et ses sœurs, Déborah est une fille honnête et pure qui vit selon la loi du Seigneur! Ce n'est pas elle qui est morte, Ezéchias Puisserguier, mais vous, et depuis longtemps! Nous avions confiance en vous, dans le personnage que vous jouiez et c'est pourquoi nous ne nous sommes aperçus de rien. Mais, aujourd'hui, vous vous montrez sous votre véritable jour. Vous n'aimez personne en dehors de vous-même, Ezéchias Puisserguier, et pour vous cacher de votre égoïsme, vous vous persuadez que vous marchez dans l'ombre de l'Eternel, alors que l'Eternel s'est sûrement détourné de vous!

Le père de Déborah se tassait sous les reproches. Il commençait à se demander s'il ne s'était pas trompé, si son existence était aussi agréable au Seigneur qu'il se le figurait. De plus, il sentait que tous les autres soutenaient M. Vervant. C'était un peu comme un voile qu'on déchirait devant ses yeux. Il voyait brusquement des choses qu'il n'avait jamais vues, dont il n'avait même pas conscience. D'un seul coup, tout s'éclairait pour lui d'une lumière nouvelle et il se mettait à avoir honte. Jusqu'alors, il croyait que les siens l'aimaient et il devait se rendre compte qu'ils le craignaient seulement. Il en ressentait un désespoir qui irait grandissant et risquait de le murer dans une solitude sans espoir. Il prit peur et ce fut d'une voix presque angoissée qu'il demanda :

– Qu'est-ce que vous voulez que je fasse?

Et, sans même y prêter attention, parce que le subit changement qui avait eu lieu en lui transformait ses habitudes, il attrapa sa dernière-née Judith et la mit sur ses genoux. Le pasteur respira. Une fois de plus, l'Eternel lui avait permis de vaincre. La famille soulagée se détendit.

– Je désire que vous écriviez à Déborah pour lui dire d'oublier votre entrevue à Annecy, que vous avez confiance, que vous avez toute confiance en elle, et qu'elle vous tienne au courant de ses projets.

– Entendu.

Alors, Ruth osa s'enquérir :

– Comment est-il, ce garçon, Ezéchias?

Il dut faire un effort sur lui-même. Jusqu'ici, il n'avait jamais permis qu'on l'interrogeât.

– Je l'ai à peine regardé. Mais enfin, il n'est pas mal. Il doit avoir une bonne situation. C'est quelque chose comme un détective de la police. En tout cas, il ne porte pas d'uniforme.

Pour masquer sa défaite, il embrassa Judith qui s'écria :

– Vous piquez! Vous avez des joues pleines de poils raides!

On rit et le pasteur accepta une tasse de café. On buvait lorsque Puisserguier, qui n'entendait pas se rendre sans quelques combats d'arrière-garde, remarqua :

– Ce que j'ignore, c'est si ce garçon est de la Religion.

Cela fit une impression terrible et le pasteur

perçut le changement qui se produisait autour de lui. Sa victoire allait-elle se transformer en défaite? Mais M. Vervant n'était point de ces âmes qui cèdent au premier coup du sort. Faisant front, il demanda :

– Et après?

– Voyons, vous ne voudriez quand même pas que je donne ma fille à un papiste?

– Il ne s'agit absolument pas de cela. Si votre Déborah épouse ce garçon, c'est qu'elle l'aime et qu'elle entend faire sa vie avec lui. Dès lors, la manière dont il prie Dieu est secondaire.

– Mais, monsieur Vervant, un papiste!

– Dois-je vous rappeler, Ezéchias Puisserguier, que les catholiques et nous prions le même Dieu? Sans doute aimerais-je mieux que Déborah épousât un homme de notre foi, mais s'il n'en est pas ainsi, je compte qu'elle saura arranger les choses.

– Vous parlez d'amour, mais rien ne vous prouve qu'il l'aime... honnêtement!

Si Ezéchias avait pu voir sa fille et son futur gendre tandis qu'il émettait ses réserves, il ne se serait plus posé de questions quant à la véracité de leur commune tendresse.

Après la disparition du maître d'hôtel, on vivait dans une sorte d'anarchie permanente à la villa Nantilly. C'est pourquoi, bien que ce ne fût pas dimanche, Déborah avait pu quitter la maison de bonne heure et rejoindre Girelle qui l'emmena dîner au *Relais des Neiges*, dans Annecy le Vieux. Sous leurs yeux, le soir transformait le lac en une vaste étendue tranquille et moirée. La jeune fille, émue, écoutait parler son compagnon et, les mets absorbés, le vin bu, la beauté du spectacle, ce que racontait Léon, tout cela se confondait pour lui tourner un peu la tête. La dernière bouchée avalée, l'inspecteur prit Déborah par la main et lui fit descendre la colline jusqu'au bord du canal, près de la maison d'Eugène Sue. Il essaya de l'intéresser à ce mort venu finir ses jours en cet endroit, mais la petite n'avait jamais entendu parler des *Mystères de Paris* et encore moins de l'auteur. C'est accotés à la Pierre Mal-Tournée que Léon Girelle et Déborah Puisserguier, ayant échangé leur premier baiser, s'engagèrent pour la vie.

En arrivant au bureau, le lendemain matin, Léon montrait un tel visage que Plichancourt lui demanda :

– Que vous est-il arrivé, Girelle? On a l'impression que vous avez quitté la terre et que vous marchez sur des nuages!

– Je suis heureux, chef!

– Eh bien! tant mieux, il en faut quelques-uns... Serait-il indiscret de vous prier de me révéler les raisons de ce bonheur qui paraît vous illuminer?

– Déborah et moi sommes fiancés!

– Depuis quand?

– Depuis hier soir.

– Je serai donc le premier à vous présenter mes félicitations. (Il serra chaleureusement les mains de son adjoint avant d'ajouter :) Ce sera un jour à marquer d'une pierre blanche, car si vous admettez qu'on puisse s'occuper d'autre chose que de vos amours, mon petit, il se pourrait bien que nous baissions le rideau d'ici quelques heures sur l'affaire de la villa Nantilly.

– Non?

– Si. Conformément à ses promesses, le directeur de la banque où Georges Nantilly a ses fonds vient de me téléphoner pour me prévenir. Nantilly a fait son échéance.

– Pas possible?

– Alors, vous et moi allons aller lui réclamer quelques explications et apprendre par quel tour de passe-passe, quand on est sans un sou, sans crédit, guetté par des gens qui attendent votre chute pour prendre votre place, on peut, du matin au soir, trouver un paquet de millions.

– Ce serait donc lui qui...

– Ça m'en a tout l'air.

– Il aurait vendu les diamants?

– En attendant jusqu'à la dernière minute. Malheureusement, l'échéance était trop tôt et il ne pouvait renseigner ses créanciers sur l'origine des fonds qu'il était obligé d'avoir.

– Mais à qui aurait-il vendu?

– Girelle, l'amour vous brouille l'entendement. Genève n'est qu'à quarante-trois kilomètres.

Avant de se rendre chez Nantilly, Plichancourt et son adjoint s'en furent mettre au courant le commissaire Mosnes qui parut accablé par cette révélation.

– Si vous ne vous trompez pas, Plichancourt, cela va être un beau scandale...

– Je ne vois pas le moyen de l'éviter.

– Moi non plus, hélas! En tout cas, je compte sur vous pour agir avec le maximum de discrétion, n'est-ce pas?

– Vous pouvez y compter.

– Et ne procédez à une arrestation que s'il est impossible d'agir autrement, je veux dire que si vous avez des preuves directes, formelles, contre lesquelles personne ne sera capable d'émettre le moindre doute.

– Entendu.

En quittant les bureaux de la Sûreté Nationale, l'inspecteur-chef confiait, un rien désabusé, à Girelle :

– La justice est sans doute la même pour tous dans ses buts, mais sûrement pas dans ses méthodes.

Arrivant à l'usine Nantilly, Léon ne parvenait pas à écarter une certaine angoisse. Georges, installé dans son bureau, ne se doutait pas que le destin, sous la forme de deux fonctionnaires petitement payés, s'apprêtait à bouleverser son existence. Ce rôle trop important lui pesait. Il se mettait dans la tête qu'apporter le malheur chez les Nantilly n'était pas la tâche qu'il aurait choisie pour son premier jour d'homme heureux. Le propre des amoureux est de tout rapporter à eux et de se figurer que le monde devrait modifier sa démarche selon leur humeur.

La secrétaire de Nantilly leur demanda s'ils avaient rendez-vous. En réponse, Plichancourt – qui, pour se conformer aux directives du commissaire, ne tenait pas à montrer sa carte officielle – déclara à la jeune femme que, si elle voulait prévenir M. Nantilly que MM. Plichancourt et Girelle se trouvaient dans son antichambre pour l'entretenir d'une affaire qui ne souffrait point de retard, il les recevrait immédiatement. La demoiselle eut une moue d'incrédulité.

– J'en doute, car tous les clients de M. Nantilly ont toujours des problèmes qui ne souffrent pas de retard à lui exposer.

L'inspecteur-chef ne se départit pas de son calme.

– Seulement, cette fois, moi, j'apporte la solution du problème et, croyez-moi, mademoiselle, vous auriez tout intérêt à faire ce que je vous demande le plus vite possible, sinon...

Vexée, la secrétaire voulut le prendre de haut.

– Sinon?

– ... Sinon, je risque de me fâcher et, quand je me fâche, c'est toujours très, très ennuyeux.

Frappée par le regard froid de son interlocuteur et son ton aussi résolu que menaçant, la jeune femme obéit, se contentant de hausser les épaules pour tenter de sauver son amour-propre. Elle revint presque aussitôt.

– M. Nantilly vous prie d'entrer.

Georges reçut fort mal les deux policiers dès que la secrétaire eut refermé la porte derrière elle.

– Alors, il ne vous suffit plus de m'empoisonner l'existence à domicile, il faut maintenant que vous veniez jusqu'ici? C'est intolérable, à la fin! Je me plaindrai au préfet! J'admets que vous avez une enquête à poursuivre, mais je doute qu'il soit nécessaire de me gêner dans mon travail pour la bien mener! Qu'est-ce que vous voulez? J'espère que vous n'êtes pas là pour m'annoncer un nouveau meurtre?

Plichancourt sourit, aimable.

– Rassurez-vous, monsieur, il n'y a pas eu de nouveau meurtre et je pense qu'il n'y en aura plus.

– Tant mieux! Mais sur quoi repose cette réconfortante certitude?

– Sur le fait que M. Girelle et moi croyons connaître l'assassin et donc le mettre rapidement hors d'état de nuire.

– Qui est-ce?

– Vous... peut-être.

Nantilly se dressa d'un jet.

– Monsieur...

– Asseyez-vous!

– Mais...

– Asseyez-vous!

Vaincu, Nantilly obéit.

– Allez-vous m'expliquer sur quoi repose cette accusation saugrenue et pour laquelle, je vous en préviens, je demanderai des comptes!

– Monsieur Nantilly, mon accusation tombera d'elle-même et je vous adresserai des excuses immédiates si vous me révélez le nom du prêteur qui vous a permis de faire votre échéance d'aujourd'hui?

Après un moment d'hésitation, Nantilly avoua:

– Inspecteur, vous me posez la seule question à laquelle je ne puisse pas répondre.

– Parce que?

– Parce que je ne sais pas de qui il s'agit.

– Vous admettrez que cela exige une explication.

– Que je suis incapable de vous donner.

– Plutôt fâcheux pour vous, non?

– Si. Ce matin, je suis arrivé à mon bureau, résigné à déposer mon bilan et à céder ma place et ma majorité d'actions pour sauver l'honneur de ma maison, lorsque le directeur de la banque m'a téléphoné pour me féliciter d'avoir pu tenir mes engagements, mais que j'avais, pour cela, usé d'une méthode dont il ne saisissait pas la nécessité. Je ne comprenais pas, car tous les gens capables de m'aider, et à qui je m'étais adressé, ont refusé de se porter à mon secours.

– Et un inconnu, au courant de vos affaires, sachant vos ennuis, vient apporter cette grosse somme sans exiger le moindre reçu de votre part, la plus élémentaire reconnaissance de dette? Monsieur Nantilly, je suis trop vieux pour croire encore aux fées.

– Je regrette de ne pouvoir vous donner d'autres éclaircissements.

– Vous pouvez, en effet, le regretter, car cela vous met dans une telle situation, monsieur Nantilly, qu'il eût été préférable, pour vous et les vôtres, que vous perdiez votre usine.

– Pourquoi?

– Parce que cela vous eût évité d'être soupçonné, sinon accusé, de meurtre sur les personnes de Jérôme Manigod, Suzanne Nanteau et Edouard Bussus.

– Vous êtes fou?

– Logique.

– Mais pour quelle raison aurais-je tué ces malheureux?

– Le premier pour vous emparer de sa collection de diamants que vous êtes, sans doute, allé vendre en Suisse et dont le prix vous a permis de payer la banque, les deux autres pour leur imposer silence.

– Vous estimez que j'ai la tête d'un assassin?

Plichancourt sourit.

– Monsieur Nantilly, il est bien rare que les assassins aient la tête de l'emploi.

– Que comptez-vous faire?

– Vous prier de nous suivre.

– A la Sûreté?

– D'abord à la banque où nous aurons une discussion avec le directeur.

Le directeur ressentit une sourde inquiétude en voyant entrer dans son bureau Georges Nantilly et les policiers. Il les pria de s'asseoir.

– J'attendais votre visite, Nantilly, mais... pas en cette compagnie. Que se passe-t-il?

– C'est à propos des fonds que vous avez reçus et mis à mon compte... Ces messieurs aimeraient avoir des éclaircissements et je dois dire que, de mon côté, je ne serais pas fâché d'y comprendre quelque chose...

Le banquier regarda l'industriel d'un air bizarre.

– Y comprendre quelque chose? Voulez-vous exprimer par là que vous n'étiez pas au courant?

– Absolument pas!

– Depuis que je suis dans ce métier, c'est bien la première fois que... M'autorisez-vous à dire tout ce que je sais, Georges, en présence de tiers? Ou ces messieurs sont-il mandatés pour m'obliger à parler?

– Racontez tout, je préfère... autant que nous gardions cette histoire secrète tant que nous le pouvons encore : si ces messieurs réclament des autorisations à leurs chefs, la ville sera vite au courant. Allez-y, mon cher, nous vous écoutons.

Le banquier hésita un instant, puis se décida.

– J'imagine, Georges, que nos visiteurs sont naturellement au courant de vos difficultés financières?

Nantilly hocha la tête en signe d'assentiment.

– Dans ce cas, je n'aurai aucun scrupule à dire que je me faisais beaucoup de mauvais sang au fur et à mesure qu'approchait la date de cette grosse échéance que votre compte ne vous permettait plus d'honorer.

Il s'adressa aux policiers.

– Je dois vous signaler, pour expliquer cette émotion, que Nantilly et moi sommes des amis de toujours, et il n'est jamais agréable de voir un ami sombrer... Or, c'était ce qui l'attendait. Contraint et forcé – car la banque ne pouvait consentir un prêt important, la situation de Georges étant trop compromise – je m'apprêtais hier, veille de l'échéance, à préparer les papiers d'usage en cas de non-paiement, lorsqu'on m'annonça qu'un certain M. Schumacher demandait à m'entretenir au nom de Nantilly. Tout de suite j'ai pensé que mon ami, affolé, abattu par la perspective de sa défaite irrémédiable, m'adressait un porte-parole chargé de plaider sa cause. Bien que redoutant une scène pénible, je le reçus. A mon grand étonnement, cet homme âgé me confia qu'il venait de la part de Nantilly m'apporter l'argent nécessaire pour honorer ses engagements. Ma joie dépassa ma surprise à un tel point que, sur le moment, je ne songeai pas à l'étrangeté de cette démarche. Mon visiteur déposa sur ma table une liasse de billets suisses dont le change représentait exactement, à quelques centaines de francs près, le montant de l'échéance. Il me réclama un reçu de dépôt au nom de M. Nantilly et s'en fut le plus simplement du monde. Ce n'est qu'après avoir donné les ordres pour que fût payée la dette venant à remboursement aujourd'hui, que je me sentis intrigué et que je téléphonai à Nantilly pour le féliciter de s'être tiré de ce mauvais pas et lui dire que je ne voyais pas pourquoi il avait cru bon de m'envoyer ce Schumacher au lieu de faire tout simplement virer cette grosse somme à son compte. Il avait, à mon avis, couru inutilement de gros risques. Porteur d'une pareille manne, cet homme aurait pu être tenté de fuir et, d'autre part, son âge ne le mettait pas à l'abri d'un accident inopiné. A ma grande surprise, Nantilly ne me répondit pas sur ce point et raccrocha presque immédiatement après m'avoir remercié. J'eus le sentiment que mon correspondant n'était pas dans un état... normal. Voilà toute l'histoire.

Plichancourt regarda Nantilly, qui haussa les épaules avant de déclarer :

– Je sais que c'est difficile à croire, mais je vous donne ma parole d'honneur que je ne connais aucun Schumacher et que je n'ai remis d'argent à personne.

Le banquier, visiblement incrédule, remarqua :

– Une curieuse affaire, Georges...

– Je m'en rends parfaitement compte, mais je n'y puis rien.

– En ce qui me concerne, c'est terminé. L'échéance sera payée et quelqu'un se promène quelque part avec, dans sa poche, un reçu qui ne lui sert à rien. (Très sec, il ajouta :) Je ne me doutais pas qu'il existait encore des philanthropes anonymes venant spontanément en aide aux industriels en détresse.

Il se leva.

– Messieurs, vous voudrez bien m'excuser, mais mon emploi du temps est chargé.

On se quitta assez froidement et Plichancourt nota que le banquier ne tendait pas la main à son vieil ami Nantilly.

Quand les trois hommes se trouvèrent dehors, Georges interrogea Plichancourt.

– Qu'est-ce que vous décidez, inspecteur ?

– Je vais en référer au commissaire Mosnes. Naturellement, vous n'aurez pas la sotte idée de quitter Annecy dans les heures qui viennent.

– Certainement pas.

Nantilly s'éloigna de la démarche d'un homme subitement vieilli et qui se rend à son bureau par habitude plutôt que par goût. Girelle grogna :

– A quoi rime cette histoire absurde ? Comment

189

a-t-il pu penser une seconde que nous croirions à sa fable?

– Et cette imprudence stupide de payer avec de l'argent suisse!

– Il est fou?

– Peut-être pas au sens fort du terme, mais il est possible qu'il ait un peu perdu les pédales devant l'écroulement prochain de sa maison et que, pour échapper et faire échapper les siens à la ruine, il ait tué l'oncle Jérôme afin de lui voler ses diamants.

– Pourtant, avoir monté une machination pour faire soupçonner Suzanne Nanteau n'est pas d'un type qui raisonne mal.

– Il raisonnait bien, mais dans l'absurde. Il faisait face au danger immédiat, qu'il soit représenté par Suzanne, par Edouard ou par l'échéance. Il ne raisonnait pas au-delà du moment présent. Il se jetait sur l'obstacle sans se soucier de ce qu'il y avait derrière. Je suis persuadé que, cette fameuse échéance étant faite, il commence à réfléchir à ses actes.

Le commissaire Mosnes écouta attentivement le récit de l'entrevue chez le banquier.

– En conclusion, Plichancourt, pour vous Nantilly est coupable au moins de vol?

– Au moins.

– Et ce Schumacher?

– Un type grassement rétribué et qui ne se doutait certainement pas de ce que contenait le paquet qu'on l'a chargé de porter au directeur de la banque. J'ai donné ordre de fouiller tous les hôtels pour tenter de le retrouver, mais il y a des chances pour qu'il n'ait pas donné son vrai nom et qu'il soit de retour chez lui, en Suisse. Qu'est-ce qu'on fait, monsieur le commissaire?

– Franchement, je n'en sais rien. Il y a bien des preuves indirectes contre Nantilly, mais rien d'indiscutable et qui pourrait convaincre le juge d'instruction sans le moindre doute. Admettons qu'il soit l'auteur du vol des diamants de l'oncle Jérôme, mais ces diamants ne sont connus que par ouï-dire, de même que l'existence de la cassette. Nul ne pourrait démontrer que l'oncle ne s'en est pas débarrassé avant sa mort. Je vous rappelle qu'il n'y a pas de plainte pour vol. Alors?

– Si je vous comprends, monsieur le commissaire, il nous faut trouver l'assassin pour pouvoir appréhender le voleur?

– C'est mon avis.

En sortant de chez Mosnes, l'inspecteur-chef confia à son adjoint :

– Le commissaire a raison et je ne comprends pas que Nantilly, s'il est le coupable, n'ait pas déclaré que Jérôme lui avait remis les diamants pour sauver la famille. Qu'aurions-nous pu répondre à ça? Et Jérôme était assassiné par un type qui le tuait pour rien, puisqu'il ne possédait plus ses diamants. Bien sûr, personne n'aurait été très convaincu, mais enfin, la justice ne s'exerce pas sur des présomptions. Nantilly a mal combiné son coup et nous allons tenter de profiter de ses erreurs. Demain, c'est dimanche, je vous donne quartier libre, Girelle, et tâchez de passer une bonne journée avec votre fiancée.

Contrairement au vœu de Plichancourt, la journée en compagnie de Déborah faillit être un fiasco complet, et cela par la faute de la lettre d'Ezéchias que sa fille avait reçue la veille.

Ayant résolu d'emmener Déborah faire le circuit de Semnoz, Léon se présenta de bonne heure à la villa Nantilly. A son grand étonnement et à son chagrin, la jeune fille lui déclara qu'elle n'avait pas envie d'aller se promener. Girelle ne comprenait pas une attitude à laquelle il était loin de s'attendre. Pressée de questions, Déborah finit par avouer qu'elle avait reçu une lettre de son père et que, depuis, elle n'avait plus le cœur à rien. Léon fit, cependant, tant et si bien qu'il parvint à convaincre sa fiancée de l'accompagner, sinon il se rongerait d'angoisse en se demandant ce qui l'affectait à ce point-là. Monique, qui les vit, encouragea sa collègue à filer respirer le bon air et savourer les heures qui – lui assura-t-elle – sont les meilleures lorsque l'on aime et qu'on est résolu à se marier.

Les deux jeunes gens roulaient depuis un moment en silence. Déborah semblait en proie à de graves préoccupations et Léon n'osait pas troubler son mutisme. Ils passaient devant le monument élevé à la mémoire des martyrs de l'Occupation aux Puisots, lorsque Déborah dit :

– Léon..., je dois vous poser une question que j'aurais dû vous poser dès que vous avez montré de l'intérêt pour moi.

– Je vous écoute ?

– Appartenez-vous à la Religion ?

– Pardon ?

– Etes-vous protestant ?

– Protestant ? En voilà une idée ! Mais non, je ne suis pas protestant.

– C'est bien dommage...

– Pourquoi ?

– Parce que moi, je le suis.

– Et alors, ça ne me gêne pas...

– Moi, ça me gêne.

– Sans blague ?

– Léon, je ne pourrai pas vous épouser... les miens ne me le pardonneraient jamais.

– Mais enfin, Déborah, c'est avec moi que vous devez vous marier, non avec votre famille!

Elle ne répondit pas et Léon devina qu'elle ne céderait point. Il en était désemparé, n'ayant jamais prévu qu'une question de religion pourrait l'empêcher d'être heureux avec celle qu'il avait choisie. A son tour, il se tut. Une grande colère bouillonnait en lui et il préférait ne pas parler de crainte de prononcer des mots blessants qui écarteraient à jamais Déborah.

Sortant de la forêt de Semnoz, ils débouchèrent sur un grand plateau herbeux où les sapins isolés ressemblaient à des bergers surveillant d'invisibles troupeaux. Il arrêta la voiture pour montrer à sa compagne le panorama qui s'offrait à eux par ce temps clair et sous un ciel bleu qu'un vent assez fort avait nettoyé.

– Déborah... ce n'est pas sérieux?

Elle tourna vers lui un visage plein de larmes qui valait toutes les réponses.

– Enfin, nous n'allons pas briser notre bonheur pour des histoires de religion?

– Les miens et moi avons été élevés dans la vraie religion... Aucun de nous ne peut accepter de vivre avec quelqu'un qui ne partagerait pas ses croyances...

– Et pourquoi n'en dirais-je pas autant?

– Vous devriez.

– La vérité est que vous ne m'aimez pas et que vous avez trouvé cette excuse pour me décourager.

– Non. Je ne me marierai pas. J'en fais serment puisque je ne peux pas vous épouser.

– Mais je vous aime, moi!

– Moi aussi.

– Alors?

– C'est impossible.

Girelle n'était pas assez attaché à sa propre religion pour comprendre les raisons de Déborah.

– Ecoutez, ma chérie... la vie éternelle, c'est une chose, mais, pour l'instant, ce qui m'intéresse, c'est l'existence terrestre. Je ne veux pas vous perdre et pour cela je suis prêt à tout... même à changer de religion.

Un sourire illumina le visage de Déborah.

– Vous le feriez vraiment?

– Pourquoi pas? Henri IV l'a bien fait, en sens inverse. Au fond, je lui rends sa politesse à quelques siècles de distance.

Et, contrairement à toute morale enseignée, un long et tendre baiser récompensa la promesse de cette apostasie.

## X

Monique Luzinay était une fille à foucades. Elle prenait des décisions subites dont rien ne pouvait la faire démordre, ce qui irritait grandement le pauvre Edouard. Alors que des tâches urgentes s'imposaient, elle se prenait de passion pour un recoin de la maison et sacrifiait tout à un nettoyage inutile. Nul ne saurait dire, pas même elle, pourquoi, ce matin-là, elle s'était mise en tête de nettoyer le grenier. Agathe et Déborah la virent apparaître enveloppée de tabliers, de sarraus et ressemblant à une sorte d'astronaute. Elles en furent déroutées, mais Monique leur expliqua :

– Je monte au grenier... Il y a bien longtemps

qu'on n'y a pas mis de l'ordre, et puis j'ai bien envie de regarder ce qu'il y a dans ces vieilles malles poilues.

On savait qu'il n'y avait rien à tenter pour la détourner de son projet et Déborah accepta de la remplacer dans les tâches matinales et quotidiennes.

Monique redescendit vers midi, couverte de poussière et de toiles d'araignées, mais l'œil rêveur. Avant d'aller se laver, elle confia à Déborah :

– C'était formidable! Des trucs extraordinaires... Je vous raconterai ça...

Les trois femmes, pendant l'heure du repas qui les rassemblait à l'office, oublièrent le malheureux Edouard tant elles étaient captivées par le récit de l'incursion de Monique sous les combles.

– Des robes incroyables, des bonnets... de quoi monter un musée, et puis des chapeaux... On se demande pourquoi on garde toutes ces vieilleries inutilisables... Là-haut on a une vue magnifique sur le lac et le Semnoz. On y est tranquille. On n'entend aucun bruit. J'ai eu de la peine à redescendre. Je m'y sentais si bien...

Agathe conseilla à Monique de manger si elle ne tenait pas à absorber des mets froids. Elle avala deux ou trois cuillerées de petits pois avant de réenfourcher son dada :

– Et puis, vous ne savez pas? J'ai mis la main sur un gros album de photographies en peluche rouge avec fermoir doré. Qu'est-ce que je me suis amusée! Si vous voyiez Madame en première communiante et Monsieur en costume marin avec sur la tête un béret où il y a écrit « Jean Bart », c'est à se tordre! Le plus beau, c'est Mlle Armandine en costume de bain rayé soulevant des haltères, en sortant la poitrine. Vous savez qu'elle n'était pas vilaine fille du tout... Je me demande pourquoi elle ne s'est pas mariée! Il y a des tas de bébés. Parmi eux, il me semble reconnaître M. Jean-Jacques et Mme Irène, mais je n'en suis pas tellement sûre. Ce qui m'a le plus touchée, c'est l'oncle Jérôme en militaire. Il avait l'air d'un marrant. A le regarder, avec sa moustache et son œil rigolard, personne n'aurait pu se douter qu'il deviendrait un vieux grigou... C'est tout de même moche de vieillir...

Sur ces paroles pleines de bon sens, Monique aida ses amies à lever le couvert et à laver la vaisselle. Déborah s'enquit :

– Qu'est-ce que vous avez fait de cet album, Monique? Ça m'amuserait de le regarder si c'est pas indiscret?

– Indiscret? Pensez donc! Il était dans un coin du grenier et personne ne s'en souciait. Je vais quand même en parler à Madame...

En servant le café au salon, Monique avertit Henriette Nantilly :

– Madame, ce matin, en nettoyant le grenier, j'ai découvert un gros album de photographies de la famille de Monsieur et de Madame. Est-ce que Madame désire que je le lui apporte?

– Volontiers, Monique, cela nous rajeunira et, dans les circonstances présentes, nous avons bien besoin de nous évader.

Jean-Jacques protesta :

– A quoi bon mettre sous les yeux de nos visiteurs ceux que nous avons été, que nous ne sommes plus et qu'ils n'ont pas connus?

– Qu'est-ce qui te prend, Jean-Jacques?

– Nous nous trouvons dans les embêtements jusqu'au cou et j'estime déplacé – pardonnez-moi, mère – d'essayer de nous consoler avec des photo-

196

graphies jaunies qui ne peuvent que nous faire rire ou nous flanquer le cafard.

Un peu décontenancée, Henriette ne sut que dire.

– Comme tu voudras... Où est-il cet album, Monique?

– Dans ma chambre, Madame, où je l'ai brossé et nettoyé.

– Eh bien! gardez-l'y!... Je vous le réclamerai en des temps meilleurs, ou lorsque mon fils sera moins nerveux.

Seule Irène protesta :

– Je ne vois pas pourquoi on se plierait toujours aux volontés de Jean-Jacques! Moi, cela m'amuserait de nous revoir enfants. J'aimerais montrer à Patrick la petite fille que je fus...

Ledit Patrick ne sembla pas témoigner d'un enthousiasme particulier devant cette promesse et Jean-Jacques lança méchamment :

– Si tu crois le consoler ainsi de la femme que tu es devenue!

– Oh!

Irène s'effondra en larmes dans l'indifférence quasi générale. Elle n'était sympathique à personne. Pour le principe, Henriette gronda :

– A quoi rime de te montrer aussi injuste envers ta sœur, Jean-Jacques?

– Elle m'énerve!

Aveu qui eut pour effet de redoubler le désespoir d'Irène, que son mari ne paraissait pas du tout enclin à consoler. Monique, sentant sa présence devenir vraiment inopportune, sortit sur la pointe des pieds, tandis que Georges émergeait de son apathie pour protester :

– Dire que vous osez vous quereller en un pareil moment!

Sa femme, surprise, demanda :

— Qu'est-ce qu'il a de particulier ce moment?

— Oh! presque rien, sinon que d'une minute à l'autre les policiers peuvent se présenter ici pour m'arrêter.

— T'arrêter? Seigneur! mais sous quel prétexte?

— Comme meurtrier de Jérôme, de Suzanne et d'Edouard.

— Voyons, tu plaisantes?

Georges contempla sa femme et conclut qu'elle était aussi stupide à cinquante-cinq ans qu'elle l'était lorsqu'il l'avait épousée.

— Fais-moi confiance, Henriette, si je désirais plaisanter, je choisirais un autre genre de plaisanterie!

— Mais enfin..

— Tais-toi un peu, veux-tu? Et toi, Irène, cesse de pleurnicher, tu es ridicule.

Il leur raconta son incroyable aventure et comment il avait pu, grâce à un inconnu, faire face à son échéance. Henriette s'exclama :

— Mais c'est magnifique! Nous voilà sauvés!

Georges haussa les épaules.

— Ce n'est pas l'avis de la police...

Jean-Jacques reconnut :

— Il faut avouer que ton histoire est plutôt difficile à avaler.

— Tu ne me crois pas?

Le garçon répondit mollement :

— Si, bien sûr...

— Et vous, Patrick?

— Oh! moi, ça ne me regarde pas...

— Moi, je te crois, papa!

Irène intervenait pour manifester son opposition à son frère et à son mari.

Georges déclara amèrement :

198

– Comment puis-je espérer convaincre les policiers quand ma propre famille... Alors, Jean-Jacques, tu admettrais que j'aie pu assassiner l'oncle Jérôme?

– Je n'ai jamais dit ça!

Cynique, Patrick donna son opinion :

– Je ne pense pas que vous l'ayez fait, mais quand vous l'auriez fait, je ne vous blâmerais pas! Ce vieux grigou ne servait à rien sur cette terre, sauf à nous rendre fous avec tout cet argent qui dormait...

On entendit Mlle Armandine, à qui personne n'avait songé à demander son avis, protester gentiment :

– Moi non plus, je ne sers à rien, Patrick, et je t'assure que je n'ai pas du tout envie de finir comme l'oncle Jérôme.

– Vous, c'est différent : vous n'avez pas le rond.

– Ce sera donc la première fois que je me féliciterai d'être pauvre.

Georges se leva.

– Je retourne au bureau pendant qu'on m'en laisse encore le loisir... Peut-être ferais-tu bien de venir, Jean-Jacques, au cas où je serais mis dans l'obligation de ne plus m'occuper de nos affaires.

– Entendu, je te rejoindrai vers 4 heures... et ne te frappe pas.

– J'essaie de ne pas me frapper, mais c'est difficile lorsque je constate la confiance que vous avez tous, ou presque, en moi.

Vers 17 heures, Agathe Vieillevigne dit à Déborah :

– Mais que fabrique donc Monique? Elle sait pourtant bien qu'elle doit venir me donner un coup de main? Serait-elle retournée dans son fichu grenier?

– Voulez-vous que j'aille voir, madame Agathe?

– Vous seriez bien gentille, mon petit.

Déborah grimpa allégrement les escaliers. Depuis que Léon lui avait proposé de la rejoindre au sein de l'Eglise Réformée, elle ne doutait plus de l'avenir. Elle poussa la porte du grenier avec un rien d'appréhension. Le silence régnant dans cette partie de la maison l'impressionnait. Elle entra et appela :

– Monique?... Monique?

Sa voix se heurtant à ces poutres énormes, à ces objets plongés dans l'immobilité définitive des choses qui ne servent plus, l'impressionna. Le temps lui durait de se retirer. Par acquit de conscience, elle appela encore :

– Monique?

Où pouvait bien être la jeune femme? En descendant, Déborah s'en fut frapper à la chambre de sa collègue et, la bouche presque collée au panneau, dit d'une voix forte :

– Monique? Etes-vous là?

Elle allait se retirer lorsqu'il lui sembla percevoir un bruit étrange. Ce n'était ni un gémissement ni un sanglot mais une sorte de raclement... de grognement... comme lorsqu'on étouffe et que l'on se débat pour retrouver sa respiration. Craignant d'être victime de son imagination, la jeune fille tourna la poignée et la porte s'ouvrit. Déborah porta vivement la main à sa bouche pour étouffer le cri lui montant aux lèvres. Monique était étendue de tout son long et le bruit qu'on entendait n'était autre qu'une espèce de râle coulant de sa gorge encombrée.

– Monique...

Refermant derrière elle, Déborah s'agenouilla près de sa camarade. Elle s'assura qu'elle n'était pas morte et, lui glissant un coussin sous la tête, se tacha les doigts de sang. Déborah n'était pas fille à s'évanouir. Son premier mouvement fut d'alerter la maisonnée, mais elle pensa que l'assassin était peut-être tapi à quelques pas de là. Le plus sage était de prévenir immédiatement la police. Elle sortit, tourna la clef dans la serrure et l'emporta. Au moins, de cette façon, elle était certaine qu'on ne reviendrait pas achever la jeune femme. Elle descendit les étages en se forçant à aller aussi vite que possible et le plus silencieusement. Dans le hall, elle alla téléphoner et composa le numéro de la Sûreté Nationale, numéro que Léon lui avait donné. A la grosse voix bourrue qui lui répondait, elle dit à mi-voix :

– M. Plichancourt, s'il vous plaît, ou M. Girelle?
– De la part de qui?
– De la villa Nantilly.
– A quel propos?
– Un nouveau crime.

Elle perçut une exclamation étouffée et le bruit d'une chaise qui tombait, écho témoignant de la hâte de son correspondant. Presque tout de suite la voix de Plichancourt se fit entendre.

– Qui est à l'appareil?
– Déborah.
– Que se passe-t-il, mon petit?
– Venez vite, vite... avec un médecin.
– Nous arrivons.

Elle raccrocha, soulagée.

Moins de cinq minutes plus tard, une auto s'arrêtait dans un grincement de freins devant la villa. Plichancourt, Girelle, le médecin et deux agents en jaillissaient et couraient vers le perron dont Déborah avait entrouvert la porte. Avant que l'inspecteur-chef lui eût posé la moindre question, la jeune fille déclara :

– Je suis la seule au courant... Il s'agit de Monique. Elle est dans sa chambre.

Plichancourt ne perdit pas de temps. Au moment de s'élancer dans l'escalier, il ordonna aux agents de ne laisser sortir personne. Devant la chambre de Monique, il s'étonna qu'elle fût fermée à clef et Déborah lui expliqua pourquoi elle avait agi de la sorte. Le policier approuva :

– Sage précaution...

Le médecin examina rapidement Monique et, se relevant :

– Il est vraisemblable que son chignon lui a sauvé la vie en lui évitant une fracture du crâne. Je pense qu'elle en sera quitte pour une forte commotion et quelques points de suture.

– Elle a été frappée comme les autres?

– Comme les autres, oui. Je vais appeler une ambulance.

Le remue-ménage, pour discret qu'il eût été, avait fini par attirer l'attention des Nantilly. Henriette, sa fille et Mlle Armandine se montrèrent en demandant ce qui se passait. Quand on les eut renseignées, elles se rejoignirent dans le salon, à moitié mortes de peur. Plichancourt en profita pour commencer tout de suite son enquête. Mais ces dames ne savaient rien. Georges était parti vers 14 heures, Jean-Jacques à peu près une heure plus tard, en compagnie de son beau-frère. Le docteur consulté affirma que Monique pouvait être dans l'état où on l'avait trouvée depuis une ou deux heures. Donc, à part Georges, tous les autres pouvaient être coupables.

Revenu dans l'office, Plichancourt donna son opinion à Girelle.

202

– Georges pratiquement mis hors de cause à propos de ce dernier attentat, voilà qui n'arrange pas nos affaires. Allons-nous être dans l'obligation de changer une fois encore de suspect?

Interrogeant Agathe et Déborah sur le comportement de Monique au cours de la matinée, on lui rapporta qu'elle avait passé la plus grande partie de son temps dans le grenier et qu'elle était revenue enchantée des découvertes qu'elle y avait faites : vieilles robes, vieux chapeaux, et tous les objets hétéroclites qu'on peut trouver en un pareil endroit.

L'inspecteur-chef ne comprenait pas et s'irritait de ne pas comprendre.

– Enfin, il y a bien une raison pour qu'on s'en soit pris à elle, nom d'un chien! Qu'a-t-elle vu, qu'a-t-elle fait qui ait pu donner à penser au criminel qu'elle pouvait le démasquer?

Personne n'étant capable de répondre à ces questions, il s'en alla de fort méchante humeur et laissa un policier qui reçut l'ordre de se tenir dans l'office où Agathe se chargerait de son ravitaillement.

Le seul qui fut presque content de cette nouvelle histoire fut le commissaire Mosnes. Ayant entendu le rapport des inspecteurs, il conclut :

– Vous voyez, Plichancourt, qu'on a bien agi en n'arrêtant pas Nantilly. Nous aurions bonne mine, à présent!

– Monsieur le commissaire, il devra quand même nous expliquer d'où vient l'argent avec lequel il a réglé son échéance.

– Sans doute...

– Et puis, si M. Nantilly n'est pas le meurtrier que nous recherchons, celui-ci est un membre de sa famille. De toute façon, je ne vois pas comment on pourra éviter le scandale surtout après tous ces cadavres à la villa.

— Bien sûr, mais jusqu'à preuve du contraire, parce que je suis d'Annecy comme Nantilly, je veux espérer jusqu'au bout que ce dernier est une victime...

— Une victime, je vous le rappelle, qui a encaissé miraculeusement des millions.

— Bon, bon, ça va... Pressez un peu le mouvement, Plichancourt. On trouve que vous n'allez pas vite en besogne...

En revenant dans son bureau, Plichancourt trouva le médecin.

— Alors?

— Bien ce que je pensais. Elle a été frappée avec un instrument contondant par quelqu'un de costaud. Elle s'en tirera, mais elle est encore dans le cirage pour un bout de temps. Le plus curieux est que j'ai été intrigué par des débris de peluche rouge incrustés sous ses ongles alors que je ne me souviens pas d'avoir vu quelque chose de rouge dans sa chambre. On dirait qu'elle s'est agrippée à un rideau avant de perdre conscience.

— Elle aurait donc été attaquée ailleurs que chez elle?

— Ça mon vieux, c'est à vous de me l'apprendre.

— Bon, merci. Girelle, on retourne à la villa.

L'agent laissé pour surveiller les habitants de la maison témoigna d'une certaine confusion en voyant réapparaître son chef, car il était en train de déguster une tasse de chocolat préparée par Agathe. Plichancourt se contenta de dire :

— Ne vous dérangez surtout pas...

Mais sur un tel ton que le pauvre garçon se mit à trembler pour son avenir.

Les policiers recommencèrent à interroger Déborah et Agathe.

— Essayez de vous rappeler... tout ce que vous a raconté Monique en redescendant du grenier.

— Elle nous a parlé de robes, de chapeaux, de malles. Elle s'est étonnée qu'on puisse conserver tant de vieilleries. Alors j'ai dit que c'était pour le souvenir... pour se rappeler le temps d'autrefois...

Cette remarque de la cuisinière déclencha quelque chose dans l'esprit de Déborah qui s'écria :

— L'album !

Elle leur parla alors de l'album de photographies en peluche rouge et à fermoir doré que Monique avait promis de leur montrer.

— Il paraît qu'on y voit Madame en première communiante, Monsieur en costume marin, l'oncle Jérôme en soldat, Mlle Armandine en gymnaste, et les jeunes Nantilly sous l'aspect de bébés. Il paraît même qu'ils se sont disputés au salon lorsque Monique a dit à Madame qu'elle avait trouvé cet album...

— Curieux...

Plichancourt fonça au salon où ces dames étaient toujours réunies. Il s'adressa à Henriette :

— Madame, il paraît que Monique vous a appris au début de l'après-midi qu'elle avait mis la main sur un vieil album de photographies de famille.

— En effet.

— Est-il vrai, madame, qu'à propos de cet album, une discussion, voire une querelle s'est élevée parmi vous ?

— N'exagérons pas, inspecteur. L'un d'entre nous a protesté contre le retour de cette vieillerie, affirmant que ce n'était pas le moment de se replonger dans un autrefois qui ne pourrait que susciter en nous des regrets, en raison des ennuis qui nous accablent en ce moment. Ma fille a été d'avis contraire. Des mots assez vifs, j'en conviens, et mon mari s'est plaint amèrement qu'on puisse se taquiner alors qu'il se trouve dans une situation difficile.

— Puis-je vous demander, madame, qui a refusé l'album?

— Mon fils Jean-Jacques. La jeunesse déteste s'attendrir sur le passé, n'est-ce pas?

— Peut-être... En tout cas, mesdames, je vous demande la permission de fouiller la maison pour dénicher cet album. Il est bien entendu que si vous ne pensez pas devoir accéder à ma requête, j'envoie mon adjoint chercher un mandat de perquisition.

— Mon dieu, inspecteur, quel intérêt attachez-vous donc à cette vieillerie?

— Ce n'est pas moi, madame, mais l'assassin, puisqu'il a voulu tuer Monique pour s'en emparer.

— Quelle abomination!...

— Naturellement, aucune de vous n'a cet album dans sa chambre?

— Dois-je entendre, inspecteur, que vous soupçonnez que ma cousine, ma fille ou moi pourrions avoir tenté d'assassiner Monique?

— Madame, j'ai dépassé le stade des soupçons. C'est d'une certitude que j'ai besoin maintenant.

Il fallut aux policiers, qui avaient pourtant appelé des renforts, plus de deux heures pour arriver à découvrir l'album enfoui au grenier dans une caisse de chiffons crasseux. Sitôt que Plichancourt eut l'album entre les mains, il en tourna avidement les pages épaisses, mais ne tira aucun enseignement des visages anonymes, jaunis par le temps, qui défilaient sous ses yeux. Il appela Déborah.

— Quelles photographies amusantes Monique se proposait-elle de vous montrer?

– Madame en première communiante, Monsieur en costume marin, l'oncle Jérôme en soldat, Mlle Armandine en gymnaste, M. Jean-Jacques et Mme Irène en bébés.

– Aucune de ces photographies ne figure dans l'album.

Girelle posa la question que son chef attendait.

– Cela signifie quoi?

– Que dans cet album, il y avait une photo propre à nous mettre sur la piste du meurtrier et, fort intelligemment, celui-ci a enlevé plusieurs portraits, ce qui fait que nous ne sommes pas plus avancés.

Plichancourt était d'une humeur massacrante lorsqu'il réintégra son bureau. Un secrétaire l'avertit qu'un nommé Félicien Giettaz l'avait appelé à plusieurs reprises.

– Qui c'est ça Félicien Giettaz?

– Il tient un tripot plus ou moins officiel, l'*Arlequin d'Argent*.

– Ah! oui... Demandez-le-moi tout de suite.

On lui passa très vite la communication.

– Ici, l'inspecteur Plichancourt de la Sûreté Nationale... Pourrais-je parler à Félicien Giettaz?... Merci... Allô! Giettaz? Plichancourt à l'appareil... Vous m'avez appelé? Oui... C'est très bien... Alors, il y a du nouveau?... NON?... et qui était l'expéditeur? Je vois. Merci, vous nous rendez un sérieux service, nous ne l'oublierons pas.

Le policier raccrocha et, fixant Girelle :

– Les dettes de jeu de Jean-Jacques Nantilly ont été réglées.

– Par qui?

– Le mandat a été signé Durand.

– D'où a-t-il été expédié?

– De Chambéry.

– Donc, pas mèche d'avoir un signalement.

– Sûrement pas.

– Eh bien! il doit être écrit que nous ne quitterons guère la villa Nantilly aujourd'hui. On y retourne, mon petit.


Les Nantilly et les Gugney étaient au complet lorsque les policiers se présentèrent de nouveau devant eux. Jean-Jacques remarqua :

– Vous feriez mieux de prendre les chambres d'amis, inspecteur, cela vous éviterait bien des déplacements inutiles.

– Pas si inutiles que cela, monsieur. Je suis venu vous apporter une bonne nouvelle.

– Ça nous changera.

– Vos dettes de jeu ont été réglées.

– Sans blague?

– Vous l'ignoriez?

– Totalement.

– Donc, si je comprends bien, ce n'est pas vous qui avez versé cet argent?

– J'en aurais été incapable.

– Alors, qui?

– Demandez à Giettaz.

– On lui a adressé un mandat signé Durand.

– Un chic type, ce Durand, non?

– Vous ne connaissez pas de Durand?

– Pas de Durand dans mes relations.

– Et vous jugez ce don anonyme normal?

– Je ne juge pas les miracles, inspecteur, je les accepte.

– Malheureusement, la police ne croit pas aux miracles, surtout quand ils se répètent. Votre père hier, vous aujourd'hui. Je vous assure que c'est trop. Vous voudrez bien vous présenter demain à mon bureau à 10 heures.

– Pour y être incarcéré?

– Qui sait?

Sur l'avenue d'Albigny, Plichancourt disait:

– Il se pourrait bien que nous ayons affaire à un crime collectif.

– Qu'entendez-vous par là, chef?

– Ils étaient d'accord pour supprimer l'oncle Jérôme afin de sortir du pétrin où ils se trouvaient. Je ne serais pas surpris d'apprendre que Gugney, à son tour, a été remis à flot par un inconnu. En tout cas, le cercle se referme, Girelle, nous finirons par les avoir.

Ils firent quelques pas en silence. Puis Léon s'arrêta.

– Chef, je suis inquiet pour Déborah... L'attentat contre Monique, l'assassinat du maître d'hôtel... J'ai peur pour elle.

– Et alors?

– J'ai envie de retourner à la villa après avoir dîné.

– Agissez comme vous l'entendez, mon petit.


Déborah sommeillait à demi sur sa chaise, dans l'office. Accablée de fatigue, elle aspirait au moment où les Nantilly regagneraient leurs chambres pour aller, elle-même, se coucher. Par suite de l'absence de Monique, il lui avait fallu assurer le service du dîner dont elle ne s'était pas trop mal sortie, les autres étant suffisamment préoccupés pour ne point prêter attention à ses fautes. Après le dîner, la jeune fille avait dû servir le café au salon. Elle guettait l'instant où Henriette Nantilly, en se levant, donnerait le signal du départ.

L'émotion causée par l'attentat dont Monique avait été victime, la série d'événements s'étant déroulés au cours de cette difficile journée et aussi ses débuts à la salle à manger, avaient brisé les nerfs de Déborah.

Enfin, la sonnette libératrice retentit. La jeune femme se précipita.

Mme Nantilly, étouffant un bâillement, dit :

– Vous pouvez débarrasser, Déborah, et ensuite, vous irez vous coucher.

– Bien, madame.

Henriette se leva, aussitôt imitée par son mari, puis par les autres. On échangea les souhaits traditionnels en vue du repos nocturne. Déborah, penchée pour prendre une tasse sur une table basse, arrêta son regard sur une curieuse tache. Quand elle comprit qu'il s'agissait d'un fragment de peluche rouge, elle s'immobilisa, puis se redressa lentement, et ses yeux rencontrèrent des yeux qui la fixaient, et qui voyaient que Déborah avait vu. La jeune fille sut quelle était la photo qu'on avait voulu faire disparaître. Les mains de Déborah tremblaient et elle faillit lâcher la tasse qu'elle tenait. Elle crut que la famille n'en finirait pas de se séparer. Enfin, ils s'en allèrent, mais Déborah s'arrangea pour sortir avant le dernier. Elle ne voulait pas rester seule, elle ne voulait pas rester seule dans cette maison où la peur la paralysait.

Déborah ne pouvait parler de ce qu'elle avait vu à Agathe. La cuisinière était de cœur trop simple pour admettre les abominations dont les hommes sont capables. Elle se rendait compte de la nervosité de sa jeune collègue, mais pensait qu'elle découlait de la fatigue et des émotions de la journée.

– Allez, bonsoir, mon petit, je vais me coucher. Je retrouverai mon lit avec plaisir.

– Non !

– Mais... qu'est-ce qui vous prend ?

– Ne partez pas encore !

– Pourquoi?

– J'ai peur...

– Peur de quoi?...

– De l'assassin.

– Il n'y a pas de raison pour qu'il s'en prenne à vous, voyons!

– Si, madame Agathe...

– Et quelle raison?

– Il sait que je le connais.

– Vous vous faites des idées, mon petit...

– Non, non... J'en suis sûre.

– Alors, il faut prévenir la police!

– Je n'ose pas me rendre seule dans le hall pour téléphoner.

Agathe Vieillevigne empoigna son couperet.

– Bon, eh bien! Allons-y ensemble, et le premier qui nous attaque le regrettera, je vous en fiche mon billet.

Elles ouvrirent silencieusement la porte, se glissèrent dans le hall et Déborah attrapa vivement le combiné... qui lui resta dans la main. On avait coupé le fil. Elle chuchota à sa compagne :

– Vous admettez maintenant que l'assassin a deviné que je téléphonerais?

– Ça, alors!...

– Et s'il a deviné, c'est bien parce qu'il sait que je le connais.

Elles regagnèrent l'office qu'Agathe ferma à clef. La cuisinière paraissait quelque peu accablée. Elle aussi commençait d'avoir peur. Elle parla bas, comme si le tueur se trouvait tout près d'elle :

– Qu'est-ce qu'on décide?

– Je vais me rendre à la Sûreté.

– Mais...

– On ne peut pas rester comme ça... Je sortirai par la porte de service et une fois que je serai sur l'avenue d'Albigny, je ne craindrai plus rien. Faisons semblant de travailler et dans quelques instants, on éteindra, on fera claquer la porte sur le hall, de façon à laisser croire que nous montons nous coucher et, moi, je filerai.

Agathe se conforma aux instructions de sa cadette. Elles restèrent encore une vingtaine de minutes dans la cuisine à remuer de la vaisselle. Puis elles éteignirent, ouvrirent et fermèrent sans trop de discrétion la porte donnant sur le hall, mais restèrent à l'intérieur de l'office. Déborah, le plus silencieusement possible, sortit dans le jardin. Le cœur lui battait à grands coups. Immobile, collée au mur, elle se forçait au calme, les nerfs tendus, elle écoutait, dans la crainte de surprendre dans la bise nocturne l'écho d'une approche dangereuse. En dépit de son attention, elle n'entendit rien et, prenant ses jambes à son cou, elle fonça vers la grille d'entrée. Elle la voyait se découpant vers la nuit plus claire. Elle s'en approchait rapidement, elle l'atteignait, lorsque, brusquement, l'autre se dressa devant elle, lui barrant le passage.

– Alors, mon petit chat trop curieux, on a envie d'aller se promener? Peut-être qu'on avait l'intention de prévenir ces imbéciles de policiers?

Médusée comme l'oiseau devant le serpent, Déborah ouvrait la bouche pour un cri qui ne jaillissait pas de sa gorge paralysée. L'autre leva le bras. Déborah sut que l'assassin de Jérôme, de Suzanne, d'Edouard, l'agresseur de Monique s'apprêtait à la tuer. Elle voulut s'écarter, ses jambes lui refusèrent tout service et elle attendit le choc qui devait lui fendre le crâne. Elle ferma les yeux. Mais le claquement sec d'un coup de feu, presque aussitôt suivi d'un gémissement, lui fit rouvrir les paupières. Le meurtrier se tordait à ses pieds en grognant de douleur et Léon, le pistolet au poing, jaillissait de l'ombre. Déborah se jeta dans ses bras en pleurant. Girelle se dégagea doucement et, braquant sa torche électrique sur le visage de l'assassin, s'exclama :

– Mlle Armandine !

## XI

Atteinte à la colonne vertébrale, Mlle Armandine avait mis plusieurs heures à mourir. Avant de rendre le dernier soupir, par crainte de ce qui l'attendait au-delà du seuil qu'elle allait franchir, elle s'était confessée à un prêtre et avait révélé toute la vérité à Plichancourt. Elle s'était éteinte en demandant pardon à Dieu et aux hommes, en pardonnant au policier qui l'avait tuée et du même coup l'avait libérée de la haine qui la rongeait depuis des années.

– Car, disait Plichancourt au commissaire Mosnes et à Girelle, toute cette effroyable aventure n'est que l'histoire d'une longue haine. Armandine Manigod haïssait son cousin Jérôme, elle haïssait les Nantilly qui lui faisaient payer cher l'hospitalité qu'ils lui offraient, elle haïssait l'insolence des jeunes à son égard. Perpétuellement humiliée, elle pansait ses blessures d'amour-propre avec des rêves de vengeance. Ce qu'elle souhaitait, ce qu'elle voulait, c'était voir les Nantilly honnis, montrés du doigt et devenir enfin semblables à elle.

» Elle a attendu patiemment, pendant vingt ans, et c'est peut-être cette attente implacable qui me semble plus effrayante, cette haine qui se fortifie de jour en jour, qui grossit de jour en jour, jusqu'à ce qu'elle fasse perdre la tête à celui qui la nourrit, et cela sous les yeux incompréhensifs des Nantilly, des Gugney, refusant la charité de la moindre attention à la parente pauvre recueillie par pitié, et qu'on ne tolère qu'à la seule condition qu'elle ne se mêle de rien et joue le rôle de domestique supérieure non gagée.

» Mlle Armandine savait que Jérôme était le père de l'enfant de Suzanne Nanteau. Elle n'a rien dit pour laisser les Nantilly et les Gugney se soupçonner les uns les autres. J'imagine les délicieuses sensations qu'elle devait éprouver en voyant les femmes de la famille regarder leurs maris d'un œil inquiet. Quand elle a su les graves difficultés financières où se débattaient les Nantilly, elle a cru son heure venue mais, contrairement à son attente, au cours d'une conversation qu'elle eut avec l'oncle Jérôme, elle apprit de ce dernier qu'il entendait faire tirer la langue aux Nantilly, mais qu'il les sauverait *in extremis*. Ce revirement ne faisait pas les affaires de Mlle Armandine qui eut l'idée d'éveiller le sentiment paternel dans le cœur de Jérôme Manigod, de lui faire épouser secrètement Suzanne qui, à la grande fureur de toute la famille, avec sa belle fortune, une fois son mari mort, tiendrait un jour ou l'autre le sort des Nantilly entre ses mains, car l'oncle Jérôme ne paierait pas sans qu'on lui remît des actions des usines, et suffisamment pour qu'il ait la majorité.

» Mlle Armandine fit donc revenir Suzanne, la reçut discrètement et la monta contre son suborneur. Elle lui démontra que, sinon pour elle, du moins pour son enfant, elle devait se battre et obtenir de Jérôme qu'il l'épousât sous menace d'aller raconter son histoire à la police. Avec les

214

démarches faites par les Nantilly pour qu'elle pût être hébergée dans le couvent vosgien, la preuve serait fournie aux curieux et aux médisants qu'elle ne mentait pas. Malheureusement, Jérôme ne céda pas et flanqua Suzanne dehors en affirmant qu'à son âge, il se moquait du scandale, et ce d'autant plus qu'il ne sortait pratiquement pas de la maison. Suzanne n'était pas de taille à lutter. Elle s'enfuit. Mlle Armandine alla s'en expliquer avec Jérôme qui répéta son intention de vendre ses diamants pour sauver les Nantilly et devenir seul maître de l'usine. Alors, Mlle Armandine qui, contrairement à ce que l'on aurait pu croire, était très forte – et c'est pourquoi elle se crut découverte lorsque Monique vit sa photo en gymnaste soulevant des haltères – perdit la tête et, empoignant le coupe-papier qui traînait sur la table de chevet, en frappa violemment Jérôme qu'elle tua sur le coup. Elle s'empara aussitôt des diamants qu'elle enferma dans le carreau sur lequel elle faisait son éternelle dentelle, si bien que ces pierres que nous cherchions partout, nous les avons eues constamment sous les yeux au cours de notre enquête. Lorsque la meurtrière se rendit compte de ce qu'elle avait fait, elle se sentit perdue, car Suzanne parlerait. Il fallait donc lui imposer silence. Lui téléphonant à son hôtel, elle lui donna un rendez-vous nocturne et la tua. Après quoi, elle jeta son corps dans le lac.

» C'est à ce moment que nous avons vraiment soupçonné les Nantilly et avons ainsi fourni à Mlle Armandine l'occasion tant souhaitée de se venger de sa famille. Toutefois, il lui fallait gagner du temps pour liquider les diamants, d'où l'idée de cette courte retraite à Lyon pendant laquelle elle fila en Suisse et réussit à vendre les pierres – sauf deux ou trois – à des trafiquants dont elle a refusé de nous donner les noms.

» De retour à Annecy, elle s'offrit le luxe de nous narguer. Pour la première fois de son existence, il lui était donné de mener le jeu et c'est bien pour s'amuser qu'elle glissa un diamant dans le sac de Déborah. Malheureusement, le maître d'hôtel la surprit quand elle revenait de la chambre de la jeune fille. Si Edouard n'avait pas été esclave des traditions, s'il avait parlé tout de suite, non seulement il aurait eu la vie sauve, mais encore nous serions arrivés au but. Il a préféré se rendre chez Mlle Armandine pour lui dire son regret de la dénoncer. Du coup il signait son arrêt de mort.

» Ce que notre vieille fille, rendue à moitié folle par la haine et par l'enivrement de ce qu'elle tenait pour la preuve indiscutable de sa supériorité, trouva de plus machiavélique, ce fut de régler les dettes de Nantilly et de son fils. Elle savait que nous ne pourrions les croire et qu'ils devenaient les suspects numéro un. Pour procéder à ces démarches de remboursement, elle se servit d'un vieil homme sans le sou rencontré à Lyon et à qui elle laissa croire qu'elle entendait faire le bien de façon anonyme. Le bonhomme marcha et regagna sa ville sitôt ses missions remplies et, comme il ne lit pas les journaux dans l'asile où on l'héberge, nous n'aurions jamais deviné de qui il pouvait s'agir.

» Pour achever son œuvre, Mlle Armandine comptait cacher les diamants qui lui restaient dans les affaires de Georges, mais Monique découvrit l'album de famille. La tueuse s'est affolée, à tort du reste, car nous étions si loin de la soupçonner que sa photo en athlète d'autrefois nous eût amusés sans rien nous apprendre. Elle a voulu tuer Monique pour reprendre cet album qu'elle dut lui arra-

216

cher des mains – alors que si elle le lui avait demandé gentiment, il est à penser que la femme de chambre le lui eût remis, sans s'étonner que la vieille demoiselle voulût conserver ce témoin des jours heureux d'autrefois.

» Ces obsessions, ces hantises, ces périls démesurément grossis, ce sang-froid, je dirais presque cette indifférence devant le crime, démontrent assez qu'elle était folle, pas folle à lier, mais une sorte de folle tout de même.

» Je me demande si nous serions arrivés à comprendre quelque chose à tout cela sans Déborah. En desservant le café, elle a vu le brin de peluche rouge sur la robe d'Armandine et s'est rappelé la photo qui révélait sous l'aspect d'une costaude la vieille demoiselle. Elle a compris qu'elle avait découvert l'assassin, mais elle trahit son émotion, et Armandine, de son côté, sentit que la petite avait deviné. Il lui fallait donc l'éliminer avant qu'elle ne révélât sa découverte. Fort astucieusement, elle supposa qu'elle essaierait d'abord de téléphoner et c'est pourquoi elle coupa le fil du téléphone, afin d'obliger Déborah à sortir, à traverser le parc où elle l'attendrait pour l'abattre. Sans vous, Girelle, non seulement la jeune fille mourait, mais encore Mlle Armandine aurait gagné la partie. Une victoire de l'amour en quelque sorte. Il est rare que la Justice rencontre un pareil allié.

A Saint-André-de-Valborgne, ils étaient allés trouver le pasteur et M. Vervant leur avait offert le café pour les remettre de leur long voyage. Déborah demanda :

— Comment est le père ?

— Semblable à ce qu'il est... Nul ne le changera, il

faut en prendre son parti. Il n'accepte pas qu'un catholique puisse entrer dans sa famille.

– Mais puisque Léon est prêt à changer de religion?

– Ça, c'est moi qui ne l'accepte pas. On n'abandonne pas ce qu'on tient pour vérité afin d'aller vers la vérité des autres, uniquement par amour terrestre. Vous prierez chacun selon votre foi et vous déciderez pour vos futurs enfants.

Déborah secoua la tête.

– Si le père est contre, il n'y aura pas de futurs enfants. Léon sait que je ne me marierai pas contre la volonté des miens.

Girelle écoutait ce dialogue qui lui rendait le pasteur sympathique. A Annecy, il aurait raillé cette omnipotence paternelle contre laquelle sa fiancée n'osait se révolter. Ici, il en était tout autrement. Ce paysage sévère, la mine grave des gens, tout lui disait qu'il pénétrait dans un monde nouveau où la gouaille n'était pas de mise, où les colères ne sauraient être futiles. Il commençait à se dire qu'il pourrait bien perdre Déborah et il en souffrait mais sans s'en indigner. M. Vervant, qui devait deviner ce qu'il pensait, lui sourit :

– Ne vous laissez pas abattre, jeune homme. Je suis sûr, connaissant Déborah, qu'elle a bien choisi et que votre union sera agréable à Dieu. Ezéchias finira par entendre raison.

– Et qui lui fera entendre raison?

– Moi. Je vous accompagne.

Ils étaient partis sur les routes durement ensoleillées. Ils avaient monté des chemins difficiles et Girelle traînait derrière les deux autres. Parfois, Déborah, qui le devançait d'assez loin, s'aventurait au bord d'un rocher surplombant pour lui crier des encouragements et elle lui faisait penser à ces chamois nerveux, toujours prêts à bondir, paraissant se moquer des lois de l'équilibre. La jeune fille, en retrouvant son cadre naturel, s'enfonçait dans un autre univers où l'on commençait à se demander s'il pourrait la suivre.

Au fur et à mesure qu'ils s'élevaient dans la montagne, un paysage grandiose s'offrait à leurs yeux. Déborah avait appris à Girelle ce qu'avait été la lutte des Camisards contre les Dragons du Roi. Maintenant, il comprenait et il savait qu'Ezéchias se voulait le continuateur de ceux qui prêchèrent leur foi en dépit des tortures. Il sentait monter en lui un soudain et profond respect pour ces hommes engloutis dans l'histoire mais pour qui tous ces rocs nus, ces terres sèches et ces forêts portaient témoignage. Il ne serait jamais à sa place dans leur ombre.

Ils étaient parvenus à un replat et le pasteur dit :

– Reposons-nous un moment.

Léon voyait Déborah de profil. Elle lui parut plus belle que jamais et en même temps plus éloignée que jamais. Il déclara doucement :

– Déborah... J'ai le sentiment que je suis, que je serai toujours un étranger sur cette terre... Je vous aime, vous le savez, mais depuis que nous sommes arrivés dans ce pays, il me semble que vous n'êtes plus celle que je connaissais... Je crains, ma chérie, que vous ne soyez pas faite pour vivre ailleurs qu'ici... et vous n'ignorez pas que ma carrière m'empêchera toujours de venir m'installer dans cette région...

Elle le regarda avec des yeux mouillés de larmes et balbutia :

– Je... je n'osais pas... vous... vous le dire.

Malgré sa peine, il essaya de se montrer brave.

– Alors... j'ai bien agi en parlant le premier.

Elle lui prit la main.

– Je ne vous ai pas menti, Léon.

– J'en suis sûr.

– Je croyais que je pourrais fonder un foyer ailleurs... (Elle eut un geste qui enveloppait l'horizon :) loin de tout ça...

– Et ce n'est pas possible.

– Je le crains.


Girelle et le pasteur redescendaient, côte à côte, vers Saint-André-de-Valborgne. M. Vervant essayait d'expliquer :

– Ces gens d'ici sont difficiles à comprendre... Ils vivent repliés sur eux-mêmes. Beaucoup de fidélité et beaucoup d'orgueil. J'ai moi-même commis une erreur en imaginant que Déborah existerait en dehors de ses montagnes.

Un appel lointain les fit s'arrêter, se retourner et lever la tête. Très haut au-dessus d'eux, une petite silhouette ressemblant à un arbre mort se détachait sur le bleu du ciel. Puis elle disparut.

Girelle pleurait sans fausse honte sur son amour perdu et le pasteur, mettant son bras sur ses épaules, lui dit :

– « Celui qui est lent à la colère vaut mieux qu'un héros, et celui qui est maître de lui-même que celui qui prend des villes. »


Elle poussa la porte et elle les vit tous, immuablement semblables à eux-mêmes. Son cœur fondit de tendresse.

– Je suis revenue...

Ezéchias la regarda :

– Revenue ou venue ?

– Revenue.
– Seule?
– Seule.
– Alors, asseyez-vous à votre place que nous avions gardée. Tout est bien.

# Romans d'Exbrayat

## (Masque et Club des Masques)

IMPRIMÉ EN FRANCE PAR BRODARD ET TAUPIN
Usine de La Flèche (Sarthe).
ISBN : 2 - 7024 - 0154 - 1
ISSN : 0768 - 0384